亞里士多德

Aristotle: A Very Short Introduction

U0134720

Aristotle: A Very Short Introduction

亞里士多德

巴恩斯 Jonathan Barnes 著

史正永　韓守利 譯

OXFORD
UNIVERSITY PRESS

OXFORD
UNIVERSITY PRESS

Oxford University Press is a department of the University of Oxford.
It furthers the University's objective of excellence in research, scholarship,
and education by publishing worldwide. Oxford is a registered trade mark of
Oxford University Press in the UK and in certain other countries

Published in Hong Kong by
Oxford University Press (China) Limited
39/F, One Kowloon, 1 Wang Yuen Street, Kowloon Bay, Hong Kong

This Orthodox Chinese edition © Oxford University Press (China) Limited

The moral rights of the author have been asserted

First edition published in 2016

All rights reserved. No part of this publication may be reproduced, stored in a
retrieval system, or transmitted, in any form or by any means, without the prior
permission in writing of Oxford University Press (China) Limited, or as expressly
permitted by law, by licence, or under terms agreed with the appropriate
reprographics rights organization. Enquiries concerning reproduction outside
the scope of the above should be sent to the Rights Department, Oxford
University Press (China) Limited, at the address above

You must not circulate this work in any other form
and you must impose this same condition on any acquirer

亞里士多德

巴恩斯 (Jonathan Barnes) 著

史正永、韓守利譯

ISBN: 978-0-19-941481-9

3 5 7 9 10 8 6 4 ′

English text originally published as *Aristotle: A Very Short Introduction*
by Oxford University Press © Jonathan Barnes 2000

版權所有，本書任何部份若未經版權持
有人允許，不得用任何方式抄襲或翻印

目　錄

插圖鳴謝

The publisher and the author apologize for any errors or omissions in the above list. If contacted they will be pleased to rectify these at the earliest opportunity.

第一章
其人其著

　　亞里士多德（Aristotle）逝於公元前322年秋，終年62歲，正是他事業的巔峰時期：作為一位學者，他的科學探索廣泛、哲學思索深邃；作為一名教師，他令希臘最聰明的年輕人為之着迷，並激勵着他們；作為一位公眾人物，他在動盪的年代過着動盪的生活。他像一位智慧巨人，高居於其他古人之上：他之前的人，無人堪比其學識貢獻；而後來者，無人敢比其成就。關於亞里士多德的性格和個性，人們知之甚少。他出身富貴人家，據說是個花花公子，手上戴着多枚戒指，留着時髦的短髮。他消化系統不好，據說身材細長，像個紡錘。他是個優秀的演說家，演講的時候觀點明晰，談話時的論述令人信服。同時，他還有一種諷刺才智。他樹敵很多，他們指責他傲慢。但保存下來的亞里士多德遺囑卻表明，他是個有雅量的人。他的哲學著作是客觀的、不帶個人好惡的，但卻表明他對友誼和自足的珍視，表明他在意識到自己在光榮傳統中的地位時，對自己的成就又有一份恰當的自豪。也許他更多的是令人尊敬，而不是令人親近。

圖1　「亞里士多德是個花花公子，手上戴着多枚戒指，留着時髦的短
髮。」這個半身像的雕刻者——也許是亞歷山大大帝命人製作的——則
從另一個角度來看他。

對一個傳記作家來說，這樣的資料顯得有些單薄；我們也不希望能像了解愛因斯坦（Albert Einstein）和羅素（Bertrand Russel）那樣多地了解亞里士多德，畢竟他生活的時代太久遠了，歲月的深淵已吞噬了他生活的細節。然而，有一件事可以確信無疑：亞里士多德的一生都被一種灼熱的渴望，即對知識的渴望驅動著。他的整個生涯和每一個已為人知的活動都證明了一個事實：他先於其他人關注如何促進對真理的探索，如何提高人類知識的總和。儘管他以一種非凡的投入來追求自己的目標，可他並不認為自己擁有非凡的求知慾；因為他曾斷言「所有人都有渴望認識（世界）的天性」，還聲稱：最恰當地說來，我們中的每個人都是以思想來區分的，因此生命──一種完全人類的生命──就是「思想活動」。在其早期的著作《哲學訓詞》＊中，亞里士多德宣稱「智慧的獲得是令人愉悅的；所有的人在哲學中都會感到安適，也希望把其他事放在一邊，花些時間在哲學上」。「哲學」一詞從詞源學上講，指的是對智慧的熱愛。在亞里士多德的書中，哲學家不是一個隱居的大學老師，從事著遙遠而抽象的思考；而是尋求「人類的和神聖的一切事物的知識」的人。在他後期的著作《尼各馬可倫理學》中，亞里士多德論述道：「幸福」──人們認識自己且感覺最旺盛活躍的一種思想狀態──存在於

＊　原文 *Exhortation to Philosophy*，筆者譯為《哲學訓詞》。──譯注

一種充滿智力活動的生命中。這種生命是不是過於神聖、人類無法企及？不是的，因為「我們不能聽命於那些因為我們是人而督促我們思考人類思想，因為我們是凡人而督促我們思考凡人思想的人。相反，我們應盡可能地使自己不朽，盡可能地按我們身上最精細的元素生活——雖然這類元素在體積上很小，但在能量和價值上卻比其他任何元素都更偉大」。

一個人的正確目標是仿效眾神，使自己不朽；因為這樣做就會變成最完全意義上的人，實現最完整的自我。這種自我實現需要他具有求知慾，而這種求知慾是一個人自然而然要具備的。亞里士多德的「幸福」秘訣也許被認為是苛刻的、適用範圍狹窄的，而且，他把自己那種熱切的求知慾歸結於人類的共性，顯然過於樂觀。但他的秘訣出自於內心：他勸告我們像他自己那樣度過我們的一生。

古代的一位亞里士多德傳記作者寫道：「他寫了大量的書，由於他在每個領域都很優秀，我覺得有必要列舉一下。」列舉單上約有一百五十項，若按照現代的出版方式出版，也許足足有五十卷。這個列舉單沒有把亞里士多德的作品全部包括在內——實際上，單子上連他現在最有名的兩部書《形而上學》和《尼各馬可倫理學》都沒有提到。列舉單上的作品數量龐大，不過更值得注意的是作品涉及的領域和種類，而不是其數量。他列舉的標題目錄包括：《論

正義》、《論詩人》、《論財富》、《論靈魂》、《論快樂》、《論學科》、《論種和屬》、《演繹法》、《定義法》、《政治理論講稿》(計八本)、《修辭藝術》、《論畢達哥拉斯學派》、《論動物》(計九本)、《解剖學》(計七本)、《論植物》、《論運動》、《論天文學》、《荷馬問題》(計六本)、《論磁鐵》、《奧林匹克運動會的勝利者》、《格言錄》、《論尼羅河》。作品中有探討邏輯的,有談論語言的,有闡釋藝術的,有剖析倫理學、政治和法律的,有討論法制史和知識史的,有談論心理學和生理學的,有談論包括動物學、生物學、植物學在內的自然史的,有談論化學、天文學、力學和數學的,有探討科學哲學的,有探討運動、空間和時間之本質的,有探討形而上學和知識理論的。隨便選擇一個研究領域,亞里士多德都曾辛勤耕耘過;隨便說出一個人類努力探索的方面,亞里士多德都曾經論述過。

　　這些作品中,不足五分之一保存了下來。但倖存下來的這一小部分包含了他研究的大部分內容。儘管他生平的大部分作品遺失了,我們仍能獲得他思想活動的全貌。

　　現存著述中的大部分當初也許並不打算供人閱讀;因為當代所保存的這些專題論述似乎是由亞里士多德的講稿組成的。這些講稿是供自己使用而不是用於公開傳播。毫無疑問,講稿在數年的時間中經過了

不斷的修改。而且，儘管一些專題論述的結構由亞里士多德自己確定，其他的論述卻很明顯地是由後來的編輯們拼湊起來的——其中《尼各馬可倫理學》就不是一個統一的著作，《形而上學》很明顯地是由一組論文組成，而不是一篇連貫的專題論文。有鑑於此，當我們看到亞里士多德作品的風格經常不相統一時，就不足為奇了。柏拉圖(Plato)的對話是精雕細刻的人工作品，語言技巧映襯着思想的微妙。而亞里士多德的大部分作品都語言簡練，論點簡明。其中可以見到突然的過渡、生硬的重複和晦澀的隱喻。好幾段連貫的闡述與斷斷續續的略記夾雜在一起。語言簡樸而有力。如果說論述語言看起來未加潤色，部分原因乃在於亞里士多德覺得沒有必要祛除這種粗糙。但這只是就部分作品而言，因為在揣摩過科學作品的恰當寫作風格之後，亞里士多德喜歡簡約。「在每一種教導形式中，都要略微關注語言；因為在說清事物方面我們是這樣說還是那樣說的，這是有區別的。但這種區別也不是特別大：所有這些事物都是要展示給聽眾的——這也是為何沒有人用這種方法教授幾何的原因。」亞里士多德能寫出很精美的文章，文筆受到古代讀過他未保存下來的著作的評論家垂青——現存的一些作品寫得鏗鏘有力，甚至華麗而富有神韻。但華麗辭藻是無用的，精美的語言結不出科學的果實來。

如果讀者打開亞里士多德的書就想找到對某個哲

學主題的系統論述，或想發現一本有條理的科學教科書，難免會很快打住：亞里士多德的專題論述可不是那樣的。不過，閱讀這些論述也不是枯燥的長途跋涉。亞里士多德有一種活力，這種活力越吸引人就越容易被了解；這些論述毫無柏拉圖對話中的掩飾筆法，以一種直接而刻板的方式(或者至少顯得是這樣)揭示作者的思想。不難想像的是，你能在不經意中聽到亞里士多德的自言自語。

最重要的是，亞里士多德的作品是很難閱讀的。一個好的閱讀方法是：拿起一本專題論文時把它看做一組講稿，設想自己要用它們講課。你必須擴展和闡述其中的論點，必須使過渡顯得清晰；你可能會決定把一些段落轉換成腳注或留做下次講課用。如果你有演講才能，會發現幽默自在其中。得承認的是，亞里士多德的作品不僅難讀，還令人困惑。他在這裏是甚麼意思呢？這個結論究竟是如何由那些前提推導來的？為何這裏會突然出現令人費解的術語？一個古代的批評家曾聲稱「他用晦澀的語言來迂迴繞過難以闡述的主題，以此避免別人的反駁——就像章魚噴射黑墨一樣，使自己難以被捕獲」。每個讀者有時都會把亞里士多德看做章魚。但令人懊惱的時刻沒有歡欣的時刻多。亞里士多德的論述給讀者提出一個特殊的挑戰；一旦你接受挑戰，就不會再讀其他形式的論述了。

第二章
一位公眾人物

　　亞里士多德不是隱者：他所推崇的沉思冥想不是
躺在扶手椅裏或窩在象牙塔裏進行的。他從未從政，
但卻是個公眾人物，經常實足地生活在公眾的視野
裏。不過，公元前322年春，他隱居到哈爾基斯的埃維
亞島，在那裏有他母親家族的財產；在生命的最後幾
個月，他為自己的孤獨而感到悲傷。之前的十三年，
他住在希臘的文化之都雅典。在雅典期間，他定期地
在呂克昂*(Lyceum)教課。因為他認為知識和教書是
不可分割的。他自己的研究經常與他人以研究小組的
形式一起完成；他將自己的研究結果與朋友和學生交
流，從不把它們看做自己的私人寶藏；畢竟，一個人
除非能將自己的知識傳遞給他人，否則就不能宣稱自
己懂得了一個學科領域。而且，教書是有知識的最好
證據，也是知識的自然展示。

　　呂克昂有時被稱做亞里士多德的「學校」；人們
也很容易把它想像成現代大學的一種，想像成具有作
息表、課程課目和教學大綱，組織學生入學和考試，

---

* 　亞里士多德於公元前335年在雅典創辦的學校。——編注

並進行學位的授予工作。但呂克昂不是私立大學：它是個公共場所——是一個聖殿、一所高級學校。一個古老的傳說是這樣的：亞里士多德上午給優秀的學生授課，晚上則給一般公眾作講座。不管事實如何，呂克昂內的各項制度的確遠沒有現代大學那麼正規。那

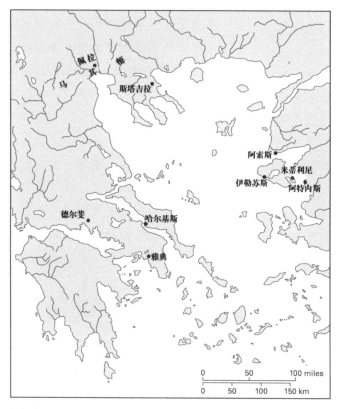

[審圖號：G S(2007)2050號]
地圖1 希臘地圖：展示亞里士多德活動過的地方。

時也沒有各種考試和不同等級的學位；沒有學費(也沒有助學金)；那時沒有拜占庭式的行政系統，這種系統對現代意義上的教師和學生的教與學來說則是必不可少的。

亞里士多德把教學和研究結合起來：他的課堂內容一定經常是「研究性論文」，或是基於目前研究興趣的談話。他不是單獨工作。許多同事加入到他的科學和哲學研究事業之中。確切地說，我們對所有這一切都知之甚少：就我自己而言，我喜歡想像一幫朋友共同協作，而不是像條頓教授(Teutonic Professor)那樣指導出眾的學生進行研究；但這只是想像。

亞里士多德為何突然放棄呂克昂的樂趣而退隱哈爾基斯呢？據稱，他說「他不想雅典人再犯一次違反哲學的罪過」。第一次罪過是對蘇格拉底(Socrates)的審判和處決。亞里士多德擔心他可能遭受蘇格拉底的命運；他的擔心也是有政治方面的根據的。在亞里士多德有生之年，馬其頓在腓力二世及其子亞歷山大大帝的相繼統治下，不斷擴展勢力，逐漸主導希臘世界，剝奪了小城邦的獨立地位和部分自由。亞里士多德一生都與馬其頓有着密切關係：亞里士多德出生之前，他的父親尼各馬可是馬其頓宮廷醫生；亞里士多德死的時候，指定亞歷山大的希臘總督安提帕特為其遺囑執行者。馬其頓歷史上最有名的插曲開始於公元前343年：腓力二世(Philip II)邀請亞里士多德到米埃薩

做小亞歷山大（Alexander）的老師，亞里士多德應邀在宮廷待了幾年。於是圍繞着王子和哲學家的快樂結合有一段意味深長的傳奇故事；我們不要想着能看穿這種傳奇的迷霧，或者能弄清亞里士多德對托他照管的相貌平平卻胸懷抱負的人有多大的影響。毫無疑問的是，他從自己的皇家地位中獲得不少好處；或許，他也利用自身影響為他人做過好事。有人説（這個故事據我所知可能是真的），雅典人曾刻碑銘來紀念他，其中寫他「很好地為這座城市服務……為雅典人做各種服務性工作，尤其是為了他們的利益而與腓力二世國王周旋」。

圖2 「腓力二世邀請亞里士多德到米埃薩做小亞歷山大的老師，亞里士多德應邀在宮廷待了幾年。於是圍繞着王子和哲學家的快樂結合有一段意味深長的傳奇故事。」中世紀的手稿間或會提到這段傳奇。

亞歷山大在公元前323年6月去世。許多雅典人為此高興不已，各種反馬其頓情緒不加掩飾地表現了出來。亞里士多德不是馬其頓的代言者。(值得說明的是，他在呂克昂所教授的政治哲學並不包含為馬其頓帝國主義所作的辯解；相反地，它是反對帝國，反對帝王的。)不過，亞里士多德依然與馬其頓有關聯。他有一段在馬其頓生活的過去，並且還有許多馬其頓朋友。他發現離開雅典是明智的。

　　大約七十年前，考古學家在德爾斐發現的破碎的碑銘可間接地說明上述結論。據碑銘碎片記載：由於「他們為那些在皮提亞運動會上奪冠的人和從一開始就組織這場賽事的人起草銘文，亞里士多德和卡利斯提尼(Callisthenes)* 得到了讚美和表彰；讓事務大臣抄錄銘文……並立於神廟之中」。碑銘大約在公元前330年撰刻。據說幾年以後，亞里士多德給他的朋友安提帕特(Antipater)寫信時揭示了自己當時的心情：「至於當時在德爾斐給我的榮譽(現在已剝奪了)，我的態度如下：我對之既不是特別在意，也不是毫不關心。」這似乎表明，公元前330年公民投票給予亞里士多德的榮譽後來被撤消了。這個碑銘被摔碎了，後來在一口井的井底被發現——是歡呼的德爾斐民主主義者於公元前323年出於反馬其頓的憤怒而把碑銘丟下井的嗎？

---

* 　希臘哲學家，記錄了亞歷山大大帝東征這一歷史事件。——譯注

不管怎樣，亞里士多德被邀請到德爾斐起草獲勝者名單的事實表明，在公元前330年之前，他就因知識淵博而享有一定的名氣。因為，這項工作需要歷史研究。在僅次於奧林匹克運動會的皮提亞運動會上獲勝者，其姓名和成績都保存在德爾斐城的檔案裏。亞里士多德和卡利斯提尼(亞里士多德的姪子)一定曾在大量的古文獻裏進行篩選；從這些材料裏確定正確的編年順序，然後做出一份權威的表單。這份表單就是運動史的一部分；不過運動史遠不止這些。在亞里士多德生活的年代，歷史學家不能根據普遍接受的年表慣例體系(就像現代歷史學家使用「公元前」和「公元」的慣例一樣)來確定敘述順序。年表以及後來精確的歷史，要根據對照性歷史年譜來寫：「戰爭爆發時，X是雅典的執政官，第N屆奧林匹克運動會的第三個年頭，Y在德爾斐贏得戰車比賽冠軍。」直至亞里士多德死後幾個世紀，歷史編年問題才得以解決；不過，亞里士多德對此小有貢獻。

亞里士多德的作品列表我已在前文正式提到過，其中還恰當地包括了《皮提亞運動會的獲勝者》這個標題。列表上還有其他表明類似歷史學術題材的作品：《奧林匹克運動會的獲勝者》、《Didaskaliae》(一個按系統排列的、在雅典戲劇節上演的戲劇目錄)、《Dikaiomata》(希臘各城邦提交的法律文書的選集，亞里士多德準備這些法律文書為的是腓力二世可能

要解決各城邦的邊界問題）。但在所有的歷史研究當中，最著名的還是《城邦憲法》。這類憲法共有一百五十八套。少數殘片被保存了下來，為後來的作者所常常引用；一個多世紀以前，在埃及的沙子裏發現一個莎草紙卷軸，幾乎包含一部完整的《雅典憲法》。文本分兩部分：第一部分簡要地介紹了雅典憲法史；第二部分對公元前4世紀雅典的政治體制進行了描述。亞里士多德本人不是雅典公民，想必卻埋頭在雅典的檔案之中，飽讀許多雅典歷史學家的作品，並熟悉雅典的政治實踐。他的研究為雅典人生活的一個面向提供了濃縮而完備的歷史。

第三章
動物學研究

　　亞里士多德於公元前335年開始在呂克昂里教學。從公元前335年到公元前322年的十三年是他在雅典的第二階段。他在雅典的第一階段共有二十年，從公元前367年直到公元前347年。在公元前347年，他突然離開該城。關於他離開的原因沒有可靠的記錄；但在公元前348年，希臘北部城市奧林索斯陷落到馬其頓軍隊手中，一種仇恨反應把狄摩西尼(Demosthenes)和他的反馬其頓盟友推上了雅典的權力寶座：情況很有可能是，就像公元前322年被驅逐一樣，政治問題使得亞里士多德在公元前347年被逐出該城。

　　不管出於甚麼原因，亞里士多德東渡愛琴海，定居阿特內斯小鎮，在那裏有他妻子一方的姻親。阿特內斯的統治者或者説「獨裁者」名叫赫爾米亞(Hermias)，既親近馬其頓，又喜歡哲學。赫爾米亞把「阿索斯城堡給亞里士多德及其同伴居住；他們一起在院子裏聚會，把時間都投入到哲學研究上；赫爾米亞給他們提供了一切所需」。亞里士多德在阿索斯住了兩三年。不知何故，他後來又搬遷到附近萊斯博斯

島上的米蒂利尼居住。據說，他在那兒遇見了同島居住的伊勒蘇斯人泰奧弗拉斯多(Theophrastus)，後來成為亞里士多德的學生、同儕及其衣缽的繼承者。後來，又不知何故，亞里士多德離開愛琴海，回到他的出生地斯塔吉拉，在那裏一直居住到腓力二世再次召喚他去雅典。

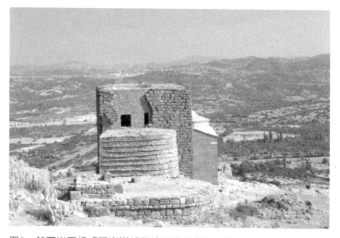

圖3　赫爾米亞把「阿索斯城堡給亞里士多德及其同伴居住；他們一起在院子裏聚會，把時間都投入到哲學研究上；赫爾米亞給他們提供了一切所需」。庭院已經不復存在了，但後來的城堡還有一部分依然聳立。

　　古代輿論對赫爾米亞評價極壞：他不僅是個暴君，還是個野蠻之人，一個去睾的宦官。但他對亞里士多德很慷慨。作為報答，亞里士多德娶了赫爾米亞的姪女皮提亞斯(Pythias)，她為亞里士多德生了兩個孩子：皮提亞斯(Pythias)和尼各馬可(Nicomachus)。

並且，當赫爾米亞在公元前341年被出賣、受刑並被波斯人以極其恐怖的方式處死時，亞里士多德為了紀念他而創作了一首讚美詩。不管赫爾米亞性格如何，他對科學發展有功。因為正是在亞里士多德雲遊期間，即公元前347年至公元前335年，尤其是居住在愛琴海東岸期間，他進行了奠定他科學聲譽的研究工作中的主體部分。

因為，如果說亞里士多德的歷史研究令人印象深刻，但與他的自然科學研究相比就算不了甚麼了。他在天文學、氣象學、化學、物理學、心理學和其他五六個學科中都進行了觀察或收集了觀察資料。不過，他的科學研究名聲主要建立在動物學和生物學研究之上：他對動物的研究奠定了生物科學的基礎；他的研究直到他死後兩千年才被超越、替代。作為這些研究之基礎的調查工作，其中一些重要內容是在阿索斯和萊斯博斯島進行的；總之，亞里士多德講述海洋生物時常常提到的地名表明愛琴海東部是一個主要研究地域。

亞里士多德非常勤勉地要揭示的科學事實都收集在兩大卷書中：《動物史》和《解剖學》。《解剖學》沒有被保存下來；如其書名所示，那是關於動物內部組成和結構的書。有理由相信那本書中包含有圖解和圖樣，也或者主要就是由圖解和圖樣構成。《動物史》保存了下來，它的書名(就像亞里士多德其他幾

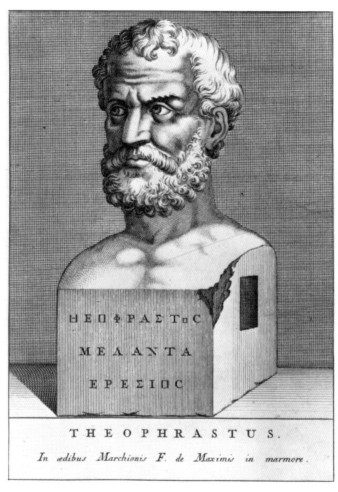

THEOPHRASTUS.

In ædibus Marchionis F. de Maximis in marmore.

圖4 「亞里士多德……後來又搬遷到附近萊斯博斯島上的米蒂利尼居
住。據説,他在那兒遇見了同島居住的伊勒蘇斯人泰奧弗拉斯多,後來
成為亞里士多德的學生、同儕及其衣缽的繼承者。」

本書的名字一樣)令人誤解：「歷史」一詞由希臘單詞historia音譯而來，該詞的實際意思是「調查」或「研究」；更為恰當的書名翻譯應該是《動物研究》。

《動物史》(即《動物研究》)一書詳細地討論了各種動物的內部和外部的組成部分；構成動物身體的不同的物質成份——血液、骨頭、皮毛和其他成份；動物中不同的生產方式；它們的飲食習慣、生活環境和習性。亞里士多德談到的動物有綿羊、山羊、鹿、豬、獅子、土狼、大象、駱駝、老鼠和騾子。他描述的鳥類包括：燕子、鴿子、鵪鶉、啄木鳥、老鷹、烏鴉、烏鶇、布谷鳥。他深入研究的對象包括烏龜和蜥蜴、鱷魚和毒蛇、海豚和白鯨。他仔細考察了各種昆蟲。他尤其熟悉海洋動物，並在這方面有着淵博的知識，熟悉對象包括魚類動物、甲殼動物、頭足綱動物、貝殼動物。《動物研究》的研究對象從人到乾酪蛆，從歐洲的野牛到地中海的牡蠣。希臘人所知道的每一個物種都被注意到了，大多數物種都有詳細的描述；有些情況下，亞里士多德的敍述既詳盡又準確。

動物學那時是門新學科。面對數量如此巨大的動物種類，亞里士多德該從何處着手呢？下面是他的回答：

首先，讓我們思考一下人體結構；正如人們通過他們最熟悉的標準來測試貨幣，在其他情況下也

是如此——人必然是我們最熟悉的動物。現在，我們能清楚地感知人體的各個部分；然而，為了不打破其固有的順序，為了在依賴感知的同時又兼顧推理，我們必須描述人體的結構——首先是器官的結構，然後是整體結構。作為一個整體，人體的主要組成部分包括：頭、頸部、軀幹、雙臂、雙腿。

亞里士多德首先以人為研究對象，因為人體最為我們所熟悉，可用做參照點。他知道，他所說的很多話人們再熟悉不過——寫「人的脖子在頭和軀幹之間」似乎太幼稚或書生氣了。但亞里士多德想完整而有條理地進行敍述，有時甚至以陳腐敍述為代價；不管怎樣，討論很快就變成專業的敍述。以下節選的段落會反映出《動物研究》的些許特點：

章魚的觸鬚既用做腳又用做手：它用嘴上的兩個觸鬚把食物送到嘴裏；最後一個觸鬚非常突出，也是唯一一個略帶白色、頂部叉開的觸鬚(它向脊椎方向展開——脊椎是吸盤對面的光滑的表面)，章魚用它進行交配。在其液囊的前面、觸鬚的上面有一個空管，章魚用它把用嘴吃東西時進入液囊裏的海水排掉。章魚會左右移動空管；並可通過空管排精。若按章魚所謂的頭的方向來判斷，

它是伸開腿斜着游的。當它這樣游動時，眼睛可以向前看（因為眼睛在頂部），嘴巴則位於背後。只要是活的章魚，它的頭就是堅硬的，像充了氣一樣。章魚用觸鬚的下部抓取物體，腳間的膜充分展開。如果靠近沙子，章魚就不能抓牢物體了。

亞里士多德接着討論觸鬚的大小。他把章魚與其他頭足類動物，如烏賊、小龍蝦等進行了比較。他詳細地描述了這種生物的內部器官，很明顯，他進行了解剖並仔細地進行了檢查。在上述引文中，他提到被稱為「交接」的現象，即雄性章魚一個觸鬚上的叉開部分，雄性章魚以之與雌性章魚進行交配。這種現象不容易被觀察到，亞里士多德本人也不是完全確信（至少他在其他地方表示了懷疑：章魚是否用觸鬚進行交配？）；但他的說法是完全正確的；他所描述的事實直到19世紀中葉才被人重新發現。

人們很容易對《動物研究》有溢美之詞，不管怎樣這是一部天才之作，一座不知懈怠者的豐碑。毫不驚訝地，許多煞風景的學者會指出其中的幾點不足。

首先，亞里士多德被指責經常犯拙劣的錯誤。最臭的一個例子仍與交配有關：亞里士多德不止一次聲稱交配時雌蒼蠅將一個細管或細絲向上插入雄性蒼蠅的體內，並且還說「這對任何試圖分開正在交配的蒼

蠅的人來說都是顯而易見的」。這並不顯而易見,相反,亞里士多德的斷言是錯誤的。另一個例子是關於歐洲野牛的敍述。在對這種毛髮蓬鬆的野獸進行一段模糊描述之後,亞里士多德說這種野獸由於肉的用途而經常受到捕獵,並且說「它用踢蹄子、排大便的方式進行自衛,它能把自己的糞便噴射到八碼之遙——它這樣做很容易,也經常這樣做;糞便十分灼熱,會把獵狗的皮毛灼傷」。描寫得很好,並且很明顯不是在開玩笑:亞里士多德只是被一個獵人酒後胡言騙了。

第二,亞里士多德被指責沒有使用「實驗方法」。他著述裏提到的各種觀察——他人的觀察或者他本人的觀察——大都是業餘水平。這些觀察都是在野外進行的,不是在實驗室內展開的。亞里士多德從未試圖設置適當的實驗條件或進行控制性觀察。沒有證據表明,他曾試圖重複觀察以檢驗或校正結論。他的整個程序,按照任何科學標準來說都是草率的。

第三,有人批評亞里士多德沒有認識到測量的重要性。真正的科學是要用數量表示的:亞里士多德的描述是定性描述。他絕不是個數學家。他沒有打算將數學應用到動物學上。他沒有稱標本的重量或量標本的尺寸。他記錄的是一個外行對事物的印象,而不是專業的計算。

這些指責都有些道理——亞里士多德不是一個一貫正確的人,而且他是一個開拓者。但這些指責說錯

了地方。第一項指責是乏味的。《動物研究》中存在許多錯誤，一些錯誤是因為亞里士多德當時幾乎沒有儀器可用造成的；一些則是觀察或判斷上明顯的錯誤。〔那個後果最嚴重的錯誤導出了「自然生殖」理論。亞里士多德聲稱，一些昆蟲「不是由母體昆蟲產生的，而是自然生成的：一些是由落在葉子上的露珠生成的……一些在腐化的泥土或動物糞便中生成，有的在樹木(活着的草本植物或枯木中)生成，一些在動物的皮毛中生成，一些在動物的血肉中生成，一些則在動物的糞便中生成」。亞里士多德觀察了頭頂上的虱子、糞坑中的蛆；只是由於謹慎不夠或缺乏儀器，他觀察得不夠準確。但是，錯誤遠沒有創見多——並且，甚麼樣的科學工作能免於錯誤？

《動物研究》裏包含一段話，經常被說成是一個實驗的報告。亞里士多德描述了小雞在雞蛋裏的早期發育情況。他相當詳細地記錄了胚胎連續多天的生長情況：他從孵化小雞的母雞身下一天拿出一個雞蛋，打破後記錄雞蛋裏每天所發生的變化。(如果我們相信這段話的含義，那麼他不僅在家養的雞身上進行實驗——描述得非常詳細——而且也用其他鳥類進行了實驗。)

對小雞胚胎的描述是《動物研究》中非常卓越的段落；但這不是一個嚴格意義上的實驗報告。(比如，就我們所知，亞里士多德沒有控制雞蛋孵化的條件。)

《動物研究》作為一個整體也不都是這樣的，這樣有日期的、連貫的觀察是很少的。但這也不足為怪。「實驗方法」對亞里士多德所從事的研究來說沒有特殊的重要性。他在開創一個新的學科，有極其豐富的信息等待收集、篩選、記錄、組織。那時還不需要實驗證據。不管怎樣，對於描述性動物學來說，實驗並不合適。你無須使用「實驗方法」來確定人有兩條腿，或者用實驗方法去描述章魚的交配。亞里士多德本人知道，不同的學科要求不同的研究方法。那些指責他沒有進行實驗的人乃是囿於一種庸俗的錯誤，即所有學科必須通過實驗途徑來研究。

至於第三點指責，有時能看到的回應是，亞里士多德的動物學之所以不是定量研究，是因為他沒有定量研究所需要的技術設備：他沒有溫度計、沒有精密的計量器、沒有準確的計時器。這些都千真萬確；但這一點不應被誇大其詞。希臘的店主稱量已殺死切好的動物的肉，亞里士多德卻不稱量活着的動物，這從技術上講是沒有道理的。以此斷言亞里士多德不是數學家也並不恰當。儘管他本人對數學的進步沒有貢獻，他對同時代人的數學作品是很熟悉的（數學的例子和引用在他的作品裏很多）；並且，不管怎樣，幾乎不需要多少數學專業知識就可以把測量引入學科研究之中。

實際上，《動物研究》中含有大量模糊的定量陳

述(這種動物比那種大些；這個動物比另外一個排的精液要多)。也有少量明確的定量觀察。亞里士多德談到，在兩種主要的魷魚中，「那種叫做teuthoi的比叫做teuthides的要大得多，可長到七英尺半；一些烏賊有三英尺長，並且章魚的觸鬚有時也有那麼長或者更長些」。亞里士多德似乎測量過頭足類動物的尺寸。他本來完全可以稱它們的重量，並進行其他重要的統計，但他情願不那麼做。那不算是錯誤，而是一種明智的選擇。亞里士多德很清楚地知道，在他的動物學中，重要的是形狀和功能，而不是重量和大小。章魚觸鬚的長度因標本的不同而不同，沒有多少科學意義；科學家關注的是觸鬚的結構，是它在這種動物的生命中的功能性作用。

《動物研究》不無瑕疵，但它是部傑作。沒有其他甚麼地方能更生動地顯示亞里士多德的「求知慾」了。

第四章
收集論據

　　亞里士多德是個搞調查研究的科學家，他的大量時間都用於進行原始的第一手研究：他記錄自己的觀察，並且親自進行許多解剖工作。但他不能把所有的敍述都建立在個人調查之上；就像其他知識探索者一樣，他借用其他人的觀察，採集其他人的研究精華。那麼，亞里士多德的研究方法是甚麼呢？他是如何展開自己的工作的？

　　一個令人愉快的故事這樣説道：亞歷山大大帝「認識動物天性的慾望很強烈」，於是「在整個希臘和小亞細亞安排幾千人——所有的打獵者、放鷹狩獵者或捕魚者，所有的園林看護者、畜牧者、養蜂人、魚塘看護者或鳥類飼養場主——供亞里士多德驅遣，這樣就沒有甚麼活的動物能不被他注意到」。亞歷山大大帝不大可能做過這樣的事，但這個故事説明了這樣一個事實：亞里士多德在《動物研究》中經常引用養蜂人和漁夫、獵人和畜牧人以及那些農業生產者和動物飼養者的經驗介紹。養蜂人對蜜蜂的習性很有經驗，亞里士多德於是就依靠他們獲得專業知識。漁夫

觀察到旱鴨子永遠不能觀察到的東西，於是亞里士多德就從他們那裏搜集信息。在援引這些信息時，他保持了應有的謹慎。他說，一些人否認魚的交配行為；但是他們錯了。他們很容易因為這樣的事實而犯錯誤：這些魚交配速度很快，因此，即使是許多漁夫也觀察不到，因為他們誰也不會因為要積累知識而去觀察這樣的事。」然而，亞里士多德的許多著作都以這些專業人士的陳述為部分依據。

此外，亞里士多德還參考了文獻資料。希臘的醫生們曾作過一些人體解剖研究，於是亞里士多德使用他們的作品作為敘述人體結構的依據——他在詳細地談論血管系統時就大篇幅地引用了三個前輩。總的來說，亞里士多德的研究表明他閱讀廣泛：「他如此刻苦地學習……以至於他的房屋被稱為『讀者之家』。」並且他有很多的藏書：「他是我們所知道的第一個收集書籍的人；並且他的榜樣作用教會了埃及國王如何建立一個圖書館。」

就亞里士多德的動物學研究而言，書本學習的作用有限，因為那時幾乎沒有甚麼書籍能教給他甚麼。但其他學科則有許多書可以細細閱讀。亞里士多德建議，「人們應當從文獻中進行節選，分主題進行羅列，比如按商品分類或按動物分類」；他著作的目錄表明，他本人按照這樣的分類彙編了不少資料。他的許多討論都是先簡要地介紹對某個問題研究的歷史，

以簡要的形式陳述前人所提出的觀點。在《形而上學》中介紹原因的種類和性質時，他說道：

> 我們在《物理學》中已經充分地考慮過這個問題；不過，讓我們也記下前人的觀點，他們對現存的事物進行過探究，對實際存在的事物進行過哲學研究。因為，很顯然，他們也提到存在着某些法則和原因。並且這對我們目前的探究會有幫助，這在我們接下來的討論中會體現出來；為我們或者會發現某種更深入的原因，或者我們會更加堅信上面提到的調查結論。

亞里士多德寫了幾篇關於知識史的文章。他早期的著作《論哲學》中有詳細敘述哲學的起源和發展的文章；並且亞里士多德還寫有關於畢達哥拉斯（Pythagoras）、德謨克利特（Democritus）、阿爾克邁翁（Alcmaeon）和其他人的專論。這些著作只保存下一些片段；但亞里士多德那些專題中的歷史概述無疑是利用這些專題寫成的。僅就知識史進行判斷的話，這些概述並非無可指摘（現代學者有時對之嚴責苛評）；但這樣的指摘並不中肯：概述的目的不是對某個思想按年代進行記述；而是要給亞里士多德自己的研究提供一個起點，並作為他自己思考的一種校正。

並非總能有以往的探究可供參考。在一篇關於邏

輯的專題文章的結尾，亞里士多德這樣寫道：

> 就修辭學而言，有許多以往的材料給我們佐證；
> 但就邏輯學而言，我們一點現成的材料也沒有，
> 我們只有花很長的時間進行辛苦地調查才能獲
> 得。如果你在思考這一問題並記得我們開始的狀
> 態時，認為這一學科發展得足以與在傳統中發展
> 的其他學科相媲美，那麼就請聽過我們演講的所
> 有人原諒我們的疏忽之處，並且你們也該熱烈地
> 感謝我們所獲得的發現。

即使亞里士多德當得起此番讚揚，但這樣自鳴得
意卻不是他的一貫風格。不過，我引用這段話是想通
過含蓄的對比來表明，亞里士多德慣用的研究程序是
建立在前人研究之上的。他在邏輯學上沒法這樣做；
他只能在生物學的有限範圍內這樣做。在其他「在傳
統中發展」的學科中，他感恩戴德地接受傳統留給他
的一切。

依靠傳統，或者說使用以往的發現，對任何一個
科學研究者來說都是一種謹慎的做法，也是一種絕對
必要的做法。這在亞里士多德身上體現得更為深刻。
他非常清楚，自己的地位是在眾多思想家之後；他對
知識史以及自己在其中的地位有着深刻的認識。他的
建議，即留意傾聽可信觀點，不僅是個謹慎的建議：

圖5　老師和學生：公元2世紀的一座浮雕。亞里士多德「認為知識和教
　　學是不可分割的」。

畢竟人天生就有慾望發現真理；自然本來不願給人這樣的慾望，讓慾望的滿足無法實現；於是，如果人們普遍地相信甚麼，那就表明正確的可能性比錯誤的可能性要大。

亞里士多德的信念直接反映他思想的兩大特徵。第一，他堅持他所說的「可信觀點」的重要性。所有人或大多數人——至少是所有或大多數聰明人——所堅信的事物自然是「可信的」；因此亞里士多德認為，其中必定有些道理。在《論辯》這部主要探討如何就「可信觀點」進行推理的作品中，他建議我們收集這樣的觀點，然後用做調查研究的出發點。在《尼各馬可倫理學》中，他暗示說，至少在實踐哲學中，可信觀點既是研究的出發點也是研究的終點：「如果問題解決了，可信言論還成立，該問題就已經有了足夠的證據。」在我們的倫理學調查中，我們會收集相關的「可信觀點」；我們會吹開糠皮——袪除謊言的外衣；留在地面上的是真理的穀粒，這就構成了探究的結果和總結。

第二，亞里士多德清楚地明白傳統對知識積累的重要性。

就所有發現工作來看，當後來者從早期辛勤耕耘者手中接過研究工作時，就會在之後逐漸取得進步；但是，一開始，那些最初所取得的發現成果

往往進步不大。然而，這些發現成果比後來以它們為基礎的後續發現要遠為有用。因為，俗話說，開端無疑是最重要的事。這也是它最為艱難的原因所在；因為能量越大，數量上就越小，也越難看得出來。但是，一旦某事物被發現了，添加或增強其餘部分的工作就相對容易了。

他又論述道：

對現實的調查說難也難，說容易也容易。此話的含義是，沒有人能以一種令人完全滿意的方法完成調查，同時也沒有人的調查會一無所獲：我們每個人都針對自然說些甚麼；儘管我們作為個體對研究的推動很小，但所有人的研究結合起來成果就可觀了──並且，就像諺語所說的那樣，對於穀倉門誰又會打不中呢？……公平地說，我們不僅要感謝那些與我們觀點相同的人，也要感謝那些觀點膚淺的人；因為他們也貢獻了一些東西──他們為我們準備了許多東西。如果沒有提謨修斯(Timotheus)，我們現在就會少了大量的抒情詩歌。但是，要不是弗里尼(Phrynis)，提謨修斯就不會寫詩歌。那些着眼於現實表達觀點的人也是出於同樣的道理。因為，我們從一些人那裏獲得某些觀點，而另外一些人則是這些人存在的原因。

知識的獲得是艱難費力的，學科發展因而緩慢。第一步是最艱難的，因為那時沒有甚麼能指導研究過程。後來的努力就輕鬆些，但即使如此，作為個體，我們知識的積累貢獻還是很小的：螞蟻堆積蟻丘是集體的功勞。

第五章
哲學背景

　　亞里士多德是個不知疲倦的論據收集者——收集有關動物學、天文學、氣象學、歷史、社會學的論據。他的一些政治研究是在晚年進行的，即從公元前335年到公元前322年，他那時在雅典的呂克昂任教。他的生物學研究大部分完成於雲遊歲月，即公元前347年到公元前335年。有理由認為他最為頻繁地收集論據是在成年時期的第一階段，即公元前367年至公元前347年之間，這一階段仍有待敍述。

　　到目前為止，我們已看到作為一個公眾人物、一個無公職的研究者的亞里士多德；但這些至多只算了解一半。畢竟，亞里士多德是以一個哲學家而聞名，就我直至目前所描述的那些饒舌的理論來看，沒有甚麼哲學味道。實際上，亞里士多德的一個古代夙敵就曾指責他只不過是個饒舌的人：

> 為何他不喜歡規勸年輕人，而要去引起伊索克拉底(Isocrates)和其他詭辯家的門徒的憤怒和仇恨呢？他肯定為自己的能力招來了深深的欽佩，這

種做法始於他拋棄正當的營生，並與學生們一起收集各種律法、不計其數的憲法、關於領土的法律申訴，以及基於客觀形勢等諸如此類的原因而進行的上訴，情願……去了解並教授哲學、修辭學、政治學、農藝、美容術、開礦——以及那些為人所恥卻又被稱為不得已而為之的職業。

這樣的指責誇大其詞，並含有一些荒謬的錯誤：亞里士多德從未對美容術進行過多少研究。不過，這也值得思考。亞里士多德對「政治和農藝學」的研究給人留下深刻的印象，《政制》和《動物研究》都是出色的著作；但它們如何與哲學有關聯呢？亞里士多德於公元前384年出生在希臘北部城鎮斯塔吉拉。很小的時候父親就死了，由叔叔普洛克西諾養大，叔叔在阿特內斯有親戚。關於亞里士多德的早期教育，沒有記載；但由於出身於富有而又有學識的家庭，他無疑接受了出身良好的希臘人都會受到的文學和體育訓練。公元前367年，十七歲的亞里士多德離開斯塔吉拉前往雅典，在那裏他加入了柏拉圖領導下的學園（Academy），與一群傑出的人一起工作和學習。在一部已遺失的著作中，亞里士多德講述一個科林斯農夫如何碰巧讀到柏拉圖的《高爾吉亞篇》，如何「立刻放棄了農場和葡萄樹，將靈魂付於柏拉圖，在心靈中播種柏拉圖的哲學」。這是一個故意編成故事的自傳

嗎？也許年輕的亞里士多德曾在斯塔吉拉讀到柏拉圖的對話，並被夫人哲學（Dame Philosophy）所吸引。不管事實怎樣，到雅典進入學園學習是亞里士多德的研究生涯中關鍵的事件。

圖6　在龐貝古城發現的一幅鑲嵌圖案，大約是在公元前100年製作的，圖中展示了柏拉圖的學園。「學園主要是一個哲學學校……柏拉圖鼓勵其他人在其他學科中進行研究，他將希臘最有天賦的人都聚集在自己的周圍。」

與呂克昂一樣，學園也是一個公共場所；而且，柏拉圖辦的學校並不比亞里士多德的更為先進。不過，這兩個機構有些區別。柏拉圖在學園附近擁有一片私有土地。他的講課和討論通常是不公開的。實際上，柏拉圖的學校有些像一個相當排外的俱樂部。在公元前367年，亞里士多德退出了這個團體。

　　柏拉圖本人並非一個博學者。他並不妄稱自己擁有他最有名氣的學生那樣的知識面。相反，他自己的研究或多或少地局限於在我們今天看來專屬於哲學的領域——形而上學、知識理論、邏輯學、倫理學、政治理論。學園主要是一個哲學學校。不是因為柏拉圖被罩上眼罩，忽略了其他學科。柏拉圖鼓勵其他人在其他學科中進行研究，他將希臘最有天賦的人都聚集在自己的周圍。在學園裏，數學肯定是要學的。柏拉圖本人不是數學家，卻對數學方法十分熱衷；他給學生提數學問題並鼓勵他們學習數學學科知識。學園裏也可能學習自然科學知識。柏拉圖的《蒂邁歐篇》包含對科學本質的思考，並且書中一位喜劇作家這樣嘲笑學園裏的年青人：「在學園這一高級學校裏，我聽到一些荒謬、奇怪的辯論。他們在討論自然，區分動物的種類、樹木的類別和植物的物種——接着又試圖發現南瓜是屬於哪個種屬的。」柏拉圖對分類問題很感興趣；這些問題對亞里士多德後來進行的生物學分類是有影響的。

另外，學園還提供了學習修辭學的地方。就是修辭學這個學科讓亞里士多德第一次小有名氣。公元前360年，他寫了篇關於修辭學的對話體文章《格里樂斯》，並在這篇文章中攻擊了重要修辭學家、公共教育家和專業批評家伊索克拉底的觀點。攻擊遭到尖銳的反擊，而且這場爭論遠遠超過修辭學理論的領域。伊索克拉底的一個學生瑟菲索多羅斯(Cephisodorus)寫了尖銳的長篇反擊文章，這只是許多針對亞里士多德的論戰文章中的第一篇。(瑟菲索多羅斯指責亞里士多德浪費時間去收集諺語——有證據表明到公元前360年，亞里士多德已開始他的彙編工作。)幾年後，亞里士多德在他的文章《勸勉篇》中又再次談到這場爭論，為學園的理念辯護，駁斥伊索克拉底派的實用觀點。伊索克拉底本人則在《交換法》中予以了回應。

與伊索克拉底派的論戰並不意味着亞里士多德對修辭學本身的排斥，他一直對修辭學感興趣。(請注意，亞里士多德讚揚伊索克拉底的文學風格時是足夠誠實和相當大度的。)他論述《修辭學》的專題論著的初稿與《格里樂斯》和《普羅特里普蒂戈斯》不同，至今還保存完好；那可能是他在柏拉圖學園求學初期寫的，最後的修改潤色則是晚年才完成的。修辭學和文學研究密切相關：亞里士多德寫了一本歷史批評的書《論詩人》和一本論文集《荷馬問題》。這些研究也很可能是在學園期間進行的。這些著作表明，亞里

士多德是個在文獻學和文學批評方面非常嚴肅的學者；它們無疑為他的第三本書、關於語言和文體的專題論著《修辭學》以及闡述悲劇之本質的《詩學》作好了部分準備工作。

修辭學也與邏輯有關聯──實際上，亞里士多德在《格里樂斯》中的一個主要觀點就是，演說者不應使用優美的語言讓熱情的觀眾興奮起來，而應該用完美的論證訴諸理智。柏拉圖本人也對邏輯，或者叫做「辨證」，極感興趣。學園的學者們沉湎於一種智慧訓練課程，對給定的論文進行多種程式化的辯論。亞里士多德的《論題篇》就是在學園期間首先開始構思的。該書羅列了提倡年輕辯論者去使用的各種各樣的辯論方式，並進行了評論。〔希臘語單詞topos的一種意義接近於「辯論形式」──於是就有了這個令人好奇的書名，《論題篇》(*Topics*)。〕《論題篇》的一個附錄「詭辯術」以目錄的形式列舉了許多謬論：一些是很愚蠢的，其他的則很深奧，這些辯論者將需要把它們識別出來並進行解析。

亞里士多德作為柏拉圖學園中的一員在雅典待了二十年。公元前347年，柏拉圖去世，亞里士多德離開雅典前往阿特內斯：他那時三十七歲，憑本身的頭銜他是個哲學家和科學家。在這成長的二十年，他學會了甚麼呢？學園哲學的哪個方面影響了他，並促成了他以後的觀點？

他熱愛柏拉圖，並在柏拉圖去世時寫了首輓歌稱讚他是一個「邪惡的人無權去讚美的人；唯一一個或者說第一個凡人，用自己的一生和辯論課程清晰地證明，一個人可以在成為優秀者的同時獲得快樂」。但是人們可以在愛一個人的同時反對他的觀點。亞里士多德不是個柏拉圖主義者。柏拉圖主義的許多核心教義都在亞里士多德的專題論著中受到了強烈的批判；並且亞里士多德終其一生都在批評柏拉圖。「柏拉圖過去常常稱亞里士多德為『馬駒』。這是甚麼意思呢？眾所周知，馬駒在吃飽奶後會踢母馬。」古代批評家指責這隻馬駒忘恩負義，但這一指責很荒唐——沒有哪個老師要求學生從感恩的角度贊成自己的觀點。而且，不管亞里士多德是否接受柏拉圖的核心理論，他肯定都深受其影響。我下面選取決定亞里士多德主要哲學思想的五點進行介紹，這五點使他變成一個哲學科學家，而非一個農業信息的收集者。

首先，柏拉圖對各學科的統一性進行過思考。他把人類知識看做一個潛在統一的系統：在他看來，科學不是論據的胡亂堆砌，而是將論據組織起來形成對世界的連貫描述。亞里士多德也是一個系統的思想家，他完全同意柏拉圖關於科學的統一理論；即使他在如何取得統一以及如何展示統一的方法上與柏拉圖意見不同。

第二，柏拉圖是個辯證學家。亞里士多德聲稱自

己是邏輯學的先驅；無可爭議的是，亞里士多德把邏輯變成了一門科學並創立了形式邏輯這一分支學科——亞里士多德，而非柏拉圖，是第一個邏輯學家。但是，柏拉圖在他的對話體文章——最顯著地體現在《巴門尼德篇》和《智者篇》——和他在學園所鼓勵的辯證練習中，都為亞里士多德發展邏輯學準備了基礎。他對邏輯的一些基本原則(比如命題的結構)進行了研究；並且他要求學生在辯論實踐中進行自我訓練。其三，柏拉圖關注本體論的許多問題。(「本體論」是對形而上學的一部分的不實稱謂：本體論者試圖確定甚麼樣的事物真正存在，構成世界的基本實體是甚麼。)柏拉圖的本體論包含在他的理念理論或形式理論之中。根據該理論，最終的實在，即決定其他所有現實存在的物質，是抽象的一般性。不是單個的人，也不是單個的馬——不是湯母、迪克或哈里；不是「薩瑞」、「巴巴利」或「布塞弗拉斯」——而是抽象的人或者說抽象人，以及抽象的馬，或者說抽象馬，構成真實世界的基本內容。這個理論很難理解，更別說被接受了。亞里士多德沒有接受這個理論(一些人認為他沒有理解這個理論)，卻在他的整個哲學生涯中一直受着該理論困擾，並多次(經常是令人喪氣地)努力，以建立另外一種本體論學說。

第四，柏拉圖認為科學知識就是探詢事物的因或解釋。在他看來，科學和知識的概念與解釋密切相

圖7　柏拉圖的頭像，「邪惡的人無權去讚美的人；唯一一個或者說第一個凡人，用自己的一生和辯論課程清晰地證明，一個人可以在成為優秀者的同時獲得快樂」。

關；他討論了可能給出的解釋的類型以及在甚麼樣的條件下現象可以也應該得到解釋。亞里士多德延續了這一努力。他也把知識與解釋聯繫起來。他的科學努力不僅指向觀察和記錄，而且最主要地指向如何進行解釋。

最後一點，知識概念本身也提出了某些哲學問題：認識事物意味着甚麼？我們如何獲得知識，或者說通過何種渠道我們逐漸認識世界？為何實際上我們假定能認識所有事物？解決這些問題的哲學通常被稱為認識論(epistêmê是希臘單詞，意思是「知識」)。認識論對任何一個關注科學和各種學科知識的人都很重要；認識論理論至少部分地由本體論的一些問題決定。柏拉圖對話體文章中有許多段落是討論認識論的。在這一點上，亞里士多德也追隨了老師的足跡。

知識必須是系統的、統一的。知識的結構由邏輯決定，它的統一性最後落腳在本體論上。知識本質上是解釋性的。它會提出深層次的哲學問題。所有這些以及其他更多知識都是亞里士多德在學園裏學到的。不管與柏拉圖在對這五個問題的具體解釋方面如何相左，他在總體原則上與柏拉圖仍是一致的。在接下來的幾章裏，我將簡要地介紹亞里士多德關於這些問題的觀點。在簡介結束時，我們就有可能明白為何亞里士多德不僅是個論據的收集者，即為何他是個哲人科學家。

第六章
學科的結構

希臘最發達的學科是幾何學——實際上，歐幾里得(Euclid)在好幾個世紀中都是幾何學的代名詞。儘管歐幾里得的著作是在亞里士多德死後完成的，但歐幾里得是以前人的研究為基礎的，前輩們已經對後來成為歐幾里得幾何學之顯著特徵的問題進行了思考。總而言之，歐幾里得幾何學是一個公理化的演繹系統：他選取一些簡單原則，或者說公理，假設這些公理是他所研究主題中的基本原理；通過一系列極有說服力的邏輯演繹，他從這些公理中推導出所有其他幾何原理。因此，幾何由推導原理(或稱為定理)和基本原理(或稱為公理)組成。每個定理都在邏輯上由一個或多個公理推導而來，儘管經常要通過一系列冗長而複雜的推理獲得。

由公理進行推導的系統——這一概念很簡潔，具有智力上的吸引力。柏拉圖就受到了吸引，並且提出，人類知識的整體可能是以某種方式由一個單一的公理系統推導而來的：所有科學定理可能都是由一小組基本原理邏輯推理而來的。因此，知識是系統的、

統一的——說它是系統的，因為知識可以以公理的形式呈現；說它是統一的，因為所有原理都能從單個的一組公理中推導出來。公理化的力量對亞里士多德造成的印象不比柏拉圖淺；但他不相信柏拉圖樂觀的斷言：所有知識都能建立在單一一組公理之上。因為他腦海裏留有同樣深的印象：各學科很顯然是相互獨立的。數學家和醫生、生物學家和物理學家在不同的領域工作，討論不同的對象，採用不同的方法。他們的學科很少交叉。不過，亞里士多德還是覺得需要系統性：即使人類知識不是統一的，它也不是相互毫無關聯的多元體。「從一方面來看，不同事物的因和法則不同；但從另外一方面來看，如果論起一般性並用類推的方法，它們又是相同的。」幾何公理與生物法則相互獨立，他們是在「類推上」相同的；也就是說，所有學科的概念組織和形式結構是相同的。

亞里士多德把知識分為三大類：「所有思想要麼是實踐性的，要麼是生產性的，要麼是理論性的。」生產性科學是關於製造物品的知識，如美容術和農業耕作、藝術和工程技術。亞里士多德本人對生產性知識沒有多少要闡釋的。《修辭學》和《詩學》是他留傳下來僅有的兩本關於生產性知識的書。（「詩學」這個詞在希臘語裏是poiêtikê，該詞在「生產性科學」短語中被翻譯成「生產性」。）實踐性科學主要關乎行動，或更確切地說是關於我們在不同環境下，不管是

私人事務還是公共事務中應如何行動的知識。《倫理學》和《政治學》是亞里士多德對實踐性科學的主要貢獻。

　　當知識的目的既不是為了生產也不是為了行動，而僅僅是為了討論真理時，就是理論性知識。理論知識包括我們現在認為是科學的所有知識；在亞里士多德看來，它顯然地包含了人類知識總和的最大部分。它可細分為三類：「理論哲學有三類——數學、自然科學和神學。」和柏拉圖的其他學生一樣，亞里士多德十分通曉同時代的數學；《形而上學》的第十三和第十四卷就是對數的本質的敏銳論述；但他不是一個專業數學家，也不妄稱對該學科有過推動作用。

　　自然科學包括植物學、動物學、心理學、氣象學、化學和物理學。(我譯做「自然科學」的希臘語是phusikê，該詞經常被錯誤地音譯為「物理學」。亞里士多德的《物理學》就是關於自然科學的專題著作。)亞里士多德認為自然科學的研究對象有兩大特徵比較突出：它們能夠變化或運動(不像數學的研究對象是靜止不變的)；它們「個別地」存在或以自身的名義而存在。(第二點將在以後的一章中詳細探討。)亞里士多德一生的大部分時間都致力於對這些對象的研究。

　　不過，自然科學並非科學之最。「如果除了自然物質之外沒有其他物質，自然科學就是基本科學；但如果存在毫不變化的物質，研究這類物質的科學就要

優先，就會成為第一位的哲學。」亞里士多德贊同柏拉圖的觀點，認為存在這種不變的物質，並稱這樣的物質為神性物質。對這類物質的研究也許就被稱為神學，或神性物質科學。神學比自然科學要更高級：理論科學比其他科學更優越，而這門理論科學又比其他理論科學更優越。」但是「神學」這個詞應該謹慎解釋：我將在後面的一章裏對亞里士多德的神性稍作闡釋；這裏説一點就夠了：他通常把神性物質等同於天體部分，因此「神學」可能是天文學的一個分支。

有兩樣亞里士多德極為關注的事物似乎沒有納入他的分類網絡：形而上學和邏輯。它們應被放在科學系統的甚麼位置呢？兩者似乎都是理論科學，亞里士多德在某種意義上認為它們都與神學一樣。

按亞里士多德的説法，「有一種科學，它研究的是作為存在的存在物(beings qua being)，以及以自身的名義歸屬於某類存在的事物」。(這一科學常被等同於形而上學，或至少等同於形而上學的一個主要部分；亞里士多德在《形而上學》中對之進行了研究。可是亞里士多德從不使用「形而上學」這個術語，「形而上學」這個書名從字面意義來看，是指「自然科學的後續科學」。)短語「作為存在的存在物」有種吸引人的神秘光環，許多學者猜測它指的是某種深奧而抽象的東西。〔這種猜測得到一種常見的誤譯的支持：亞里士多德的表述被譯為單數，成了「作為存在的存

在」（being qua being）。〕實際上，亞里士多德所指的事物既不抽象也不深奧。「作為存在的存在物」並非一種特殊的存在等級或類別；事實上根本不存在「作為存在的存在物」。當亞里士多德說「有一種科學研究的是作為存在的存在物」時，他指的是有一種科學研究存在物，並且作為存在而研究它們；也就是說，有一種科學研究存在的(exist)事物〔並非被稱為「存在」(being)的某種抽象物〕，並作為存在(existing)而研究它們。

「作為」（qua）這個小詞在亞里士多德的哲學中起着重要作用。該詞並不神秘。《米卡多一家》中的總管大臣身兼數職，同時擔當財政大臣和柯柯的私人秘書。他在不同職位上有不同的態度。作為財政大臣，他力勸柯柯和新娘舉辦一個節儉的婚禮；而作為一個私人秘書，他則建議大肆揮霍。他作為財政大臣或身肩財政大臣的職務，卻又作為私人秘書或身肩秘書的角色做同一件事。在前一情形下，他的建議是出於國家的角度，而在後一種情形下，他的建議則是出於不同的考慮。相類似地，作為存在物(existent)而研究某物就是研究該事物中與其存在(exsting)有關的特徵——而非其他任何方面的特徵；要在它「身肩存在的職務下研究它。每個不研究虛構物的人都在研究「存在物」(beings)，即存在的事物；研究「作為存在的存在物」的學者研究的是存在物的如下特徵：由

於存在物存在的事實而隸屬於存在物的特徵。

對「作為存在的存在物」的研究因此是極為寬泛的：所有存在的事物都在研究範圍之內(比較一下昆蟲學或音位學，各自研究昆蟲和語音)，所研究的特徵絕對是每個事物(每個昆蟲或每個音)都必須具有的特徵。(因此《形而上學》的第十卷討論的是成為一個事物意味着甚麼。每樣事物都是一個事物；相比之下，只有一些是單翅的或輔音的。)亞里士多德在《形而上學》的各卷中展開這種高度概括的研究。他的幾部邏輯學作品，現存的和遺失的，也都進行了這種研究。

在亞里士多德看來，既然這種對「作為存在的存在物」的概括研究是第一位的哲學，因此它與神學是一樣的。這很奇怪：我們也許要問，研究所有事物的科學怎麼會等同於只研究某類具有高度優先性的事物的科學呢？亞里士多德預料到會有這樣的問題。他提出，神學「因為是第一位的，所以是普遍的」。他似乎是指，如果你研究其他所有實體都賴以存在的第一位物質，那麼你就無形地在研究所有作為存在的存在物(existents qua existent)。不是每個人都認為這個說法有說服力；並且亞里士多德所說的第一位哲學有時被認為由兩個截然不同的部分組成：一個是普通形而上學，研究作為存在的存在物；一個是特別的形而上學，研究事物的原則和原因。

至於邏輯，後來的哲學家就其在各學科中的地位

圖8 「亞里士多德本人在對事物進行分類時沒有討論邏輯的位置。」在文藝復興時期，邏輯有時被視為亞里士多德哲學花園裏智慧樹的主根。

和位置爭論不休。一些人認為邏輯是哲學的一個「部分」——一個與數學和自然科學並列的分支學科。其他人，包括亞里士多德的追隨者，則極力主張邏輯是哲學的一種「工具」——為哲學家和科學家所用，但其本身卻不是他們研究的對象。(希臘語表示「工具」的單詞為organon：這就是為何後來的亞里士多德派把亞里士多德邏輯學作品冠以《工具論》的總體書名。)還有些哲學家則更有說服力地主張邏輯既是哲學的一個部分，也是哲學研究的工具。

　　亞里士多德本人在對事物進行分類時沒有討論邏輯的位置。他主張，研究作為存在的存在物的學者會研究「被數學家稱做公理的事物」或者「演繹的第一原則」；「因為它們屬於存在的萬物，而不是屬於某個特定的、獨立於其他事物的物類」。他還認為，邏輯學家「採用的形式與哲學家一樣」，或者說討論事物的範圍與第一位哲學的研究者討論的一樣。畢竟，作為一種完全概括性學科的邏輯學，大概應該歸類於形而上學或歸類於研究作為存在的存在物的學科。但是在很多段文字中亞里士多德似乎在暗示：邏輯學不能這樣歸類；實際上，他在說邏輯學家「採用的形式與哲學家一樣」時，隨後立刻又補充說，然而他從事的是一個不同的領域。亞里士多德所認為的人類知識結構可以用下圖表示：

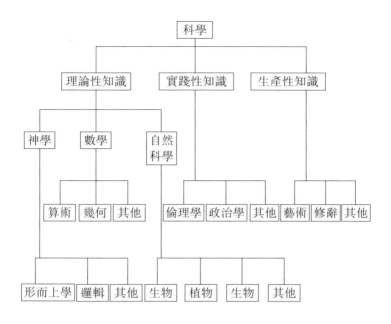

第七章
邏輯學

　　科學，至少是理論性科學是要公理化的。那麼它們的公理又是甚麼呢？一個命題必須要滿足甚麼樣的條件才能被視做公理呢？還有，每個學科裏進行推導時要採用甚麼形式？定律由公理推導要通過甚麼樣的規則？這些都是亞里士多德在他的邏輯學作品，尤其是在《前分析篇》和《後分析篇》中提出的問題。讓我們首先看一下演繹的規則，並同時看一看亞里士多德邏輯學的形式部分。「所有句子都有意義……但不是所有的句子都構成陳述：只有那些能被證明真偽的句子才構成陳述。」「在所有陳述中，一些是簡單命題，也就是說，那些肯定或否定某些事物的某些方面的命題；有些則由簡單命題組成，因此是複合句。」作為一個邏輯學家，亞里士多德只對能被判斷真偽的句子感興趣（命令、疑問、勸戒句等是修辭學和語言學學者關注的對象）。他主張，每個這樣的句子要麼是簡單句，要麼是由簡單句組成的複合句；他的解釋是，簡單句是那些肯定或否定某些事物的某些方面——後來他又堅稱是肯定或否定某一事物的某一方面——的句子。

在《前分析篇》中，亞里士多德使用了「命題」這個詞描述簡單句，並使用「項」來描述凸顯部分。因此，一個命題肯定或否定某物的某個方面，某物和某個方面就是它的兩個「項」。被肯定或否定的事物叫做命題的謂項；由謂項肯定或否定的事物被稱為命題的主項。亞里士多德邏輯學關注的所有命題要麼是一般性的，要麼是特定的；換句話說，它們肯定或否定一個謂項做某一類的全部項、某一項或某幾項。因此，在命題「每個胎生動物都是有脊椎的」中，「有脊椎的」是命題的謂項，短語「胎生動物」是主項；命題肯定了謂項對主項的描述——而且所有的主項都具有謂的描述內容。同樣地，在命題「一些卵生的動物不是有血的」中，「有血的」是謂項，「卵生的動物」是主項；命題否定某些主項具有謂項內容。很容易看出，亞里士多德的邏輯學準確地說在關注四種命題：完全肯定命題，肯定所有某個事物的某方面；完全否定命題，否定所有某個事物的某方面；個別肯定(特稱肯定)命題，肯定某類型中某些事物的某個特徵；個別否定(特稱否定)命題，否定某類型中某些事物的某個特徵。

此外，命題還有各種不同的語氣：「每個命題表達的或者是某物具有，或者是某物必然具有，或者是某物可能具有。」因此，命題「一些槍烏賊可長到三

英尺長」肯定的是，一碼*長實際上對一些槍烏賊而言是真實的。命題「每個人必然是由肉、骨等構成的」是說，每個人都必然具有肉身——如果不是由肉、骨等構成的就不能稱其為人。「可能的是，沒有馬睡覺」說的是，睡覺可能不是馬的行為——每個馬都可能一直保持醒着的狀態。這三種語氣或「模態」被稱為(儘管不是被亞里士多德稱為)「斷言」、「絕對」和「模糊」。

　　總之，那就是亞里士多德對命題性質的描述，這在《分析》**可以找到。所有命題或者是簡單命題，或者是由簡單命題構成的複合命題。每個簡單命題包含兩個項：謂項和主項。每個簡單命題或者是肯定，或者是否定；或者是一般性的，或者是特定的。每個簡單命題或者是斷言的，或者是絕對的，或者是模糊的。

　　《分析》中的觀點與短文《論解釋》的並不完全一樣，亞里士多德在《論解釋》中詳細探討了簡單命題的性質和結構。作為一種觀點，它受到各種各樣的反對。所有的命題都是簡單命題或是由簡單命題組合成的複合命題嗎？比如，「人們現已知道的是，章魚的最後一根觸鬚是分叉的」這個句子肯定是個複合命題——它其中的一部分包含了命題「章魚的最後一根觸鬚是分叉的」。但它不是由簡單命題構成的複合

---

*　一碼等於三英尺。——編注

**　指《前分析篇》和《後分析篇》。——編注

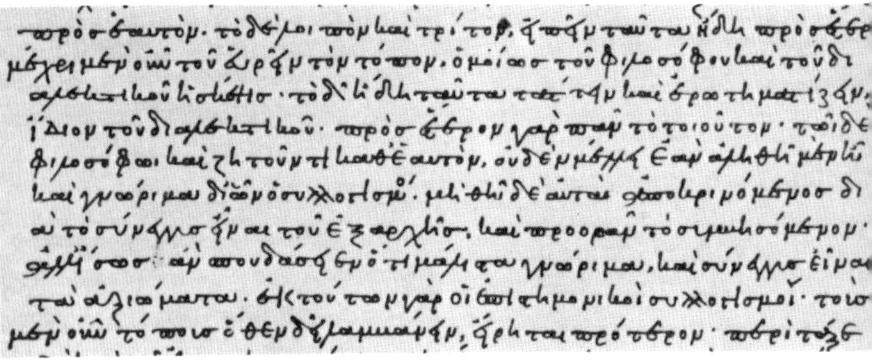

圖9 「哲學家肯定會迫切地去獲得與研究問題有關的已知公理；因為科學三段論正是建立在這些公理之上的」(《論題篇》，第155頁14-16行)。這裏展示的手稿是由修道士伊弗里姆(Ephraim)於公元954年11月寫的。

命題。它由一個簡單命題構成，這個命題前加了「人們現已知道的是」，而這個前綴不是命題。還有，所有的簡單命題都只由兩個項組成嗎？「下雨了」就很簡單。但這個句子包括兩個項嗎？還有，「蘇格拉底是人」是甚麼類型的命題呢？這個句子當然包含了一個謂項和一個主項。但它既不是一般性命題，也不是特定命題——它不是在說「全部」或「一些」蘇格拉底的任何情況；畢竟，「蘇格拉底」這個名字不是個一般詞，因此(正如亞里士多德本人所說)「所有」和「一些」這樣的詞不適合本句。

最後，再來看這樣一些句子：「奶牛有四個胃」、「人一次生產一個後代」、「牡鹿每年脫落一次鹿角」——這些句子構成亞里士多德生物學作品的內容。每個奶牛都有四個胃是不正確的——也有畸形的奶牛有三到五個胃。然而作為生物學家的亞里士多德並非想說，一些奶牛恰巧有四個胃，更不是說大多數奶牛有四個胃。相反他想說的是，每個奶牛在自然狀態下有四個胃(即使由於出生時發生意外，一些奶牛實際上沒有四個胃)。亞里士多德強調，在自然狀態下許多事物「大部分地」有效；並且他認為自然科學的大部分事實都可用這樣的句子形式表達：在自然狀態下，所有某某某某都這般這般，即如果某某某某大部分都這般這般，那麼這個句子就是正確的。但是那種形式句子的確切結構又是怎樣的呢？亞里士多德極力

思考這個問題，卻沒有找到滿意的答案。

亞里士多德在《前分析篇》裏提出的邏輯體系是以對命題性質的描述為基礎的。他所考慮的論點都由兩個前提和一個結論組成；這三個成份每個都是一個簡單命題。邏輯學是一門概括性分支學科，亞里士多德想概括地處理所有(他所描述的各類)可能的論點。但是論點無限多，沒有甚麼專題論文能夠對所有論點進行分別論證。為了獲得概括性，亞里士多德引入一種簡單的方法。不用特定的詞——「人」「馬」「天鵝」——來描述和突出論點，他使用字母A、B、C。不使用真正意義上的句子，比如「每個章魚有八根觸鬚」，他使用準句子或邏輯式，比如「每個A是B」。使用字母和邏輯式可使亞里士多德高度概括地進行論述；因為如果一個邏輯式為真，那麼這個邏輯式裏每個特定的情形都是真值。比如，亞里士多德需要表明：我們從「一些海洋生物是哺乳動物」可推斷出「一些哺乳動物是海洋生物」，從「一些男人是希臘人」可推斷出「一些希臘人是男人」，從「一些民主政權不是自由的」可推斷出「一些非自由政權是民主的」，等等——他是想表明(按專業的說法)：每個特定的肯定性命題都可以進行轉換。他實現這種轉換，是通過對邏輯式「一些A是B」進行思考，並證明可以從該邏輯式推斷出相應的邏輯式「一些B是A」來做到的。如果那樣證實該邏輯式是正確的，那麼就可以一

次性地證明，那種邏輯式無限多的情形都是正確的。

亞里士多德創造性地使用了字母。現在，邏輯學家對這一創造十分熟悉，不假思索地進行應用，他們或許已忘記這樣的發明是多麼了不起。《前分析篇》常常使用字母和邏輯式。因此，亞里士多德描述並認可的第一類論點就是通過字母進行表述的：「如果A斷定每一種B，並且B斷定每一種C，那麼A必然斷定每一種C。」在這種形式的論證裏，所有三個命題（兩個前提和一個結論）都是一般性的、肯定的、斷言的。舉個例子：「每個呼吸的動物都有肺；每個胎生動物都呼吸；因此每個胎生動物都有肺。」

在《前分析篇》的第一部分裏，亞里士多德考慮了所有簡單命題的可能組配，並確定了從哪些組配中可以推出第三個簡單命題、哪些組配不能得出結論。他將組配分為三組，或稱為三「格」*，以一種嚴密而有序的方式展開討論。根據一種固定的形式進行組配，亞里士多德用符號表示每一組配，並從形式上證明可能得出甚麼樣的結論（如果能得出的話）。整個敍述被認為是第一篇形式邏輯學論文。

《前分析篇》中的邏輯理論被稱為「亞里士多德的三段論法」。希臘單詞 sullogismos 被亞里士多德解釋如下：「一個三段組合就是一個論點：某些事物被假定，與這些假定事物不同的事物根據被它們自身

---

* 即三段法的格。——譯注

證明為正確的事實而必然出現同樣的結論(假定)。」
《前分析篇》的理論是一種三段演繹法——一種我們
或許會稱為演繹推理的理論。

亞里士多德對自己的理論作過很多重要的斷言：
「每個證明和每個演繹推理(三段演繹)必定要通過我
們所描述的格才能產生」；換言之，每一個可能的演
繹推理都可以被證明，是由亞里士多德所分析過的論
點中的一種或多種依次排列構成的。實際上，亞里士
多德是在斷言他已創立了一套完整而完美的邏輯學；
他還提出了一個複雜的論點來支持自己的斷言。該論
點是有缺陷的，因而他的斷言也是錯誤的。而且，該
理論沿襲了命題描述方面的缺點，而命題描述正是該
理論的基礎——此外它本身還包含許多內在的不足。
然而，後來的思想家對亞里士多德的闡釋力如此折
服，以至於一千多年來亞里士多德的三段論演繹法一
直被教授着，就像是其中包含了邏輯真理的精華。不
管從哪一方面來看，《前分析篇》——開創邏輯學的
第一次嘗試——確實是一部傑出的天才之作。其行文
優美而有條不紊，其論點有序、清晰而嚴密，並且實
現了很好的概括性。

第八章
知識

　　《前分析篇》所探討的邏輯學適用於從一個學科的公理推導出該學科的定律來。《前分析篇》主要是研究公理本身的性質，並進而研究公理化演繹科學的概括性形式。《後分析篇》卻以一種令人驚訝的程度獨立於《前分析篇》所提出的三段論理論：不論對這個事實有怎樣的解釋，它有個令人愉快的結果——亞里士多德推理理論的缺陷並沒有被他的公理化理論全盤繼承。

　　亞里士多德對公理性質的描述建立在他對知識性質的見解上；因為一門科學的目的就在於把我們對該門學科內各種主題的知識系統化，其中的公理和定律因此必須是已知的命題並且要滿足基於知識之上的條件。據亞里士多德所說，「我們認為我們了解某事物（在絕對意義上，而非似是而非地或意外地），是當我們認為我們既知道該物之所以成為該物的原因（並知道那就是它的因），又知道該事物不可能成為他物的時候」。如果一個動物學家首先知道為何奶牛有四個胃（知道奶牛有四個胃是因為某種事實），並且知道奶牛

必須有四個胃（不僅僅是碰巧有四個胃），那麼他才算知道奶牛有四個胃。這兩個基於知識之上的條件，統領着亞里士多德《後分析篇》中研究公理科學的整個方法。

第一個基於知識之上的條件是因果關係條件。「原因」這個詞必須以一種寬泛的意義來理解：它譯自希臘語單詞aitia，一些學者更傾向於把它譯做「解釋」。引證某物的「原因」就是在解釋該物為何如此。

因果關係的條件與其他多種要求相關聯，這些要求是任何一個學科的公理都必須滿足的。

> 如果認識是我們已規定的東西，那麼結論性的知識必須建立在那些真實的、第一位的、直接的、比推論更為人所知更優先並成為推論的原因的事物之上；因為這樣一來，原理才適用於要證明的事物。也可能沒有這些條件而產生一個推論，但沒有這些條件就不會有證明；因為它不會產生知識。

結論性知識的原理或出發點是該學科所賴以建立的那些公理；亞里士多德的總體觀點是：如果原理和公理所基於的系統想要成為一門學科、一個知識系統，這些原理和公理就必須滿足某些必要條件。

很顯然，這些公理必須是正確的。否則它們就既

不能為人所知，也不能為我們對定律的了解提供基礎。同樣顯然的是，公理必須是「直接的和第一位的」。否則就會有比它們還居先、能推導出它們的真理——這樣，它們就全然不能成為公理或原始原理。還有，就我們的定理要依賴公理而言，說公理必然比定律「更為人知」是合理的。

亞里士多德列舉的最後一個條件是，公理必須「比推論更優先並成為推論的原因」，正是這一點與他對知識本質的描述最直接相關。我們關於定律的知識建立在這些公理之上，並且知識涉及對原因的理解：因此，公理必須陳述終極原因，為定律所表達的事實提供解釋。一個讀公理化學科的人，如果由公理開始，然後逐步讀後來的定理，他實際上就是在閱讀一大串因果相連的事實。

乍一看，因果關係條件顯得很古怪。為何我們認為認識某物需要認識其原因？我們真的知道很多事實卻對其原因一無所知？(我們知道通貨膨脹發生了，但是經濟學家卻不能告訴我們為何會發生通貨膨脹。我們知道第二次世界大戰在1939年爆發，但是歷史學家卻對戰爭的原因爭論不已。)而且，因果關係條件似有往回無限尋找原因的危險。假定我知道X；那麼，根據亞里士多德的理論，我必然知道X的原因，稱之為Y。接下來，似乎可以推論我必然也知道Y的原因；如此向前，沒有止境。

亞里士多德對這些問題中的第二個進行了明確討論。他認為，有些事實從原因上來講是原始的，或者說除了其自身之外沒有別的原因；他有時這樣表述：這些事實是自為因果關係或不需解釋的。奶牛為何有角？因為它們牙齒上有缺陷(這樣，構成牙齒的物質用於長角了)。它們為何在牙齒上有缺陷？因為它們有四個胃(這樣它們就可以消化未咀嚼的食物)。它們為何有四個胃呢？因為它們是反芻動物。那麼，奶牛為何是反芻動物？僅僅因為它們是奶牛——除了它們是奶牛之外，沒有進一步的特徵可以解釋為何奶牛是反芻動物；一頭奶牛是一個反芻動物的原因就在於它是一頭奶牛。

奶牛是反芻動物的事實是無須解釋的。亞里士多德常說這亞里士多德的世界種無須解釋的事實是定義或定義的組成部分；所以學科的公理大部分都是由定義構成的。定義在亞里士多德看來不是對某個詞意義的陳述。(奶牛是反芻動物不是單詞「奶牛」的釋義部分；因為我們知道「奶牛」這個詞的意義遠早於我們知道奶牛是反芻動物。)相反，定義陳述一個事物的本質，即那個事物之所以成為該事物的特徵。(奶牛是反芻動物這一點是奶牛的基本特徵的一部分；成為奶牛就是成為某種反芻動物。)一些當代哲學家已拒絕了——還嘲諷——亞里士多德的本質論。但是亞里士多德證明了自己是更優秀的科學家；因為科學努力的

一個內容就在於用物質和事物的基本特性——換句話說，用它們的本質——來解釋它們的不同特徵和反常表現。亞里士多德的公理化學科由本質開始，然後逐次地解釋衍生特徵。比如，動物生物學定律要表述動物的衍生特徵，由公理演繹定律的過程會展示這些特徵是如何依賴相關本質的。

但是所有的知識都必然具有這樣的因果或解釋關係嗎？儘管亞里士多德正式的觀點是「我們只有認識其原因時才算認識事物」，他經常和我們一樣，在原因沒有被注意到的時候，使用「認識」這個詞。並且，亞里士多德在聲稱知識總有因果關係時肯定是錯誤的。但是，若僅僅痛惜其錯誤、然後又把錯誤傳遞下去，無疑是短視之舉。亞里士多德與之前的柏拉圖一樣，主要關注一種特殊的知識——我們可以稱之為科學理解的知識；聲稱科學理解要求對事物的因有所認識，這一主張是可以接受的。儘管我們可能說不出為何發生通貨膨脹同時又十分清楚地知道發生了通貨膨脹，但我們只有理解其原因才能聲稱理解了通貨膨脹現象；經濟學在能夠提供這樣一種因果理解之前是不完善的。從詞素學上理解，亞里士多德對「知識」的定義是錯誤的；

但若理解為對科學研究之性質的評論，該定義則表達了一個重要的真理。

因果關係條件就講到這裏。亞里士多德在對知識

的描述裏提出的第二個條件是，已知的事物必定是必
然的事實：如果你知道某物，那麼該物不可能是其他
事物。亞里士多德在《後分析篇》裏闡述了這一點。
他將這一點與以下論點聯繫起來：只有普遍命題才能
為人所知。他推論說，「從這樣一個證據得出的結論
必定是永久性的──關於事物的證據或知識是不會被
破壞掉的」。

　　必然性條件和它的兩個推論似乎比因果條件還要
怪異。我們肯定知道一些只在一定條件下正確的事實
(比如，世界人口在增長)，並知道一些特定事實(比
如，亞里士多德生於公元前384年)。而且，許多學科
似乎認同這樣的知識。比如，天文學研究的是特定對
象──太陽、月亮和星星；這與亞里士多德在《氣象
學》裏所研究的地理學相類似，並且尤為明顯的是，
與歷史學相類似。亞里士多德的確認為，天文學研究
的對象是不會毀滅的、永恆的。他同時認為，「詩歌
比歷史更具哲學色彩、更嚴密，因為詩歌傾向於描寫
普遍的事物，歷史則關注特定事物」。(換言之，歷史
不具有完全的科學地位。)但是，這也改變不了一個事
實：一些科學明確地研究特定事物。

　　此外，亞里士多德認為(我們不久將會看到)世界
的基本實體是可毀滅的特定物質；如果他被迫得出觀
點，認為不存在關於這些基本物質的基本知識，那就
自相矛盾了。不管怎樣，亞里士多德從必然性條件推

斷出知識必定是關乎永恆物質的，這樣的推斷是錯誤的。一個普遍的也許還是必然的真理是：人類的父母本身也是人（就像亞里士多德所說的，「人生育人」）。你也許會說這是個永恆真理——至少一直是對的。但那不是一個關於永恆物質的真理：這是一個關於終有一死的、可毀滅的人的真理。而且，亞里士多德本人在一段複雜的論述的結尾總結道：「說所有知識都是普遍的……在某種程度上是對的並且在某種程度上又不對……很明顯，知識在某種程度上是普遍的，同時在某種程度上又不是普遍的。」因此，他承認「在某種程度上」存在着關於特定事物的知識；因而我們必須把必然性條件的第二個推論作為一種錯誤而摒棄。

至於第一個推論，我已說過，在亞里士多德看來，科學定律並不總是普遍而又必然地正確：有些定律只是「大部分」正確；「大部分」正確和一直正確之間的區別很明顯。「所有的知識或者是關於一直正確的事物的，或者是關於大部分正確的事物的（若非如此，人們又如何能學習知識或向他人教授知識呢？）；因為知識必然取決於一直正確的或者大部分正確的事物或原理——比如，蜂蜜水大部分對發燒的人有好處。」亞里士多德關於科學命題必然是普遍的這一斷言，據他自己承認，是誇大其詞。必然性條件本身也是這樣。

科學追求普遍適用性；為了理解特定的事件，我們必須把它們看做某種普遍事物的組成部分。亞里士多德的觀點，即知識只關乎那些不可能成為他物的事物，就是這種重要事實的反映。但是這是一個被歪曲的反映，並且《後分析篇》裏所規定的必然性條件過於嚴格了。

第九章
理想與成就

　　亞里士多德是作為一個系統的思想家為人所知的。不同的科學既是獨立的，又是系統地相互關聯的。每一個單個學科都是以公理體系的形式——就像後來的哲學家所說的那樣，「以幾何的方式」提出和表述的。而且，亞里士多德的學科概念賴以棲身的那組觀念本身就得到了系統的研究和整理。也許這沒有甚麼令人驚訝的。畢竟，哲學的本質就在於系統性；並且亞里士多德的系統——他的世界「圖景」——許多世紀以來一直被人讚賞和稱道。

　　然而，也有一些學者對亞里士多德的這種觀點持有異議。他們否認他是個系統的構造者。由於不相信系統哲學的宏偉斷言，他們認為亞里士多德的優點在其他方面。在他們看來，亞里士多德的哲學實質上是「難題解答式的」：它的精髓在於提出特定的困惑或難題(aporiai)，並提出特定的解決方法。亞里士多德的思想是試探性的、可變通的、不斷變化的。他沒有設計一個宏大的方案，然後往裏面填寫細節；他也沒有向着單一的目標使用單一的方法。相反，細節就是

圖10　1996年發掘的呂克昂遺址。「呂克昂不是私立大學：它是個公共場所——是一座聖殿、一所高級學校。一個古老的傳說是這樣的：亞里士多德上午給學生授課，晚上則給一般公眾作講座。」

全部；並且論證方法和模式也隨着所解釋主題的變化而不斷地變化。亞里士多德的論證是逐項完成的。

這種對亞里士多德思想的非系統性解釋現在被廣泛接受。有很多證據可用以支持這一解釋。比如，《形而上學》第三卷就有一長串的難題目錄，並且該書的其他內容大都用於解答這些難題。或者考慮一下這段引文：「此處，像別處一樣，我們必須記下各種現象，首先仔細檢查這些難題，然後我們必須驗證關於這些問題的著名觀點——可能的話就驗證所有的觀點，否則就驗證大多數和最重要的觀點。」首先記下關於該問題的主流觀點（「各種現象」，或「似乎如此的事物」，是指關於該主題的可信觀點）；然後仔細閱讀這些觀點所提出的難題（因為這些難題也許很模糊，或者因為它們相互不一致）；最後證明所有或者大部分觀點是正確的。這不是系統構建的處方；不過，這是亞里士多德推薦並有時遵循的方法。

此外，這種難題解答式說法似乎恰當解釋了亞里士多德著作的一個方面，該方面如果按照傳統方法來解釋肯定會令人困惑。亞里士多德關於學科的專題論述從來不是以公理化形式呈現的。《後分析篇》中所給出的解答並沒有在後來的著述，比如《氣象學》和《動物結構》中得到遵循。這些專題論述沒有先確定公理，然後接着推導定律；相反，它們提出並試圖回答一系列相互關聯的問題。按照傳統觀點，這些專題

論述看起來一定——說句自相矛盾的話——完全不是亞里士多德式的了：所鼓吹的系統在這裏完全不明顯了。按照難題解答式說法，這些著述反映了亞里士多德哲學的精髓：他偶爾對系統化進行的思考不可太當真——它們只不過是對柏拉圖式學科概念的禮儀性姿勢而已，並不能證明亞里士多德自己的根本信念。

不可否認的是，亞里士多德的許多專題論述在風格上大部分都是難題解答式的——它們討論問題，並且逐項討論。同時不可否認的是，這些專題論述在公理化推導方法方面內容很少，甚至沒有。但是，這並不是說亞里士多德實質上不是個系統的思想家。在《後分析篇》中所闡釋的學科理論，不能被當做一種不相關的古董、一次對柏拉圖靈魂的屈膝而加以拒絕。在這些主題論述裏有這麼多關於系統化的暗示，以致對難題的解答不能被看做亞里士多德科學和哲學研究中最首要的事情；並且——值得強調的一點是——即使對單個問題進行的逐項討論，也通過研究和回答這些問題的共同概念框架而獲得了思維上的統一。系統化不是在專題論述裏實現的，而是在其背後存在的一種理念。

那麼，關於亞里士多德著作的非系統化特徵我們又有甚麼要說的呢？第一，不是所有的亞里士多德專題論述都是科學著作：許多是關於科學的著作。《後分析篇》就是一個恰當的例子。該專題論述不是公理

化陳述，但它是一個關於公理化方法的專題論述——它關心的不是科學的發展，而是分析發展科學的方法。此外，《物理學》和《形而上學》的許多部分都是關於我們所稱的科學之基礎的論文。我們不應指望，關於科學之結構和基礎的作品本身就體現出學科內作品應有的特徵。

但是，亞里士多德那些真正的科學作品所具有的「難題解答式」特徵又該如何解釋呢？比如，為何《氣象學》和《動物結構》沒有按公理化方式表述呢？答案很簡單。亞里士多德的系統是為精致的或完整的科學所進行的一個設計。《後分析篇》沒有描述科學研究者的活動：它確定了對研究者的研究結果進行系統化組織和呈現的形式。亞里士多德所了解、所推動的科學不是完整的，他也不認為它們是完整的。也許他有過樂觀的時刻：古羅馬的西塞羅（Cicero）稱「亞里士多德指責那些認為哲學已經被他們完善的老哲學家們，說他們要麼非常愚蠢，要麼非常自負；但他本人能夠看出，由於短短幾年內取得了巨大進展，哲學可能會在很短的時間裏得到圓滿地完善」。但事實上，亞里士多德從未吹噓說完善了知識的任何一個分支——也許除了邏輯學之外。

亞里士多德所述足以讓我們看到，在一個理想的領域裏，他本可以如何表述並組織他辛勤積累起來的科學知識。但是他的系統化方案是為一個完整的科學

而準備的，他本人在世時並未發現所有知識。由於這些專題論述並非對成熟學科的最終表述，我們不應期望在它們之中看到一系列按序展開的公理和推論。因為這些專題論述最終是要表達一門系統學科，我們可以期待它們能顯示出如何實現這樣的系統。這正是我們所發現的：亞里士多德是個系統的思想家；他倖存下來的專題論述展現的是其系統的一張局部的、未完成的草圖。

第十章
實在

　　科學是討論真實事物的。這就是科學是一種知識而非幻想的原因。可是甚麼樣的事物是真實的呢？科學必須關注的基本物質是甚麼呢？這就是本體論要研究的、亞里士多德予以極大關注的問題。他討論本體論的一篇論文《範疇》寫得相當清楚；但是他的本體論思想大部分體現在《形而上學》和那部模糊著作的一些最模糊部分中。

　　「現在和過去一直被提出並一直困擾人們的問題是：甚麼是存在？也就是說，甚麼是物質？」在簡述亞里士多德對這個問題的答案之前，我們必須就這個問題本身進行提問。亞里士多德追求的是甚麼？他說的「物質」是甚麼意思？這個初步問題最好通過迂迴的方式來解答。

　　《範疇》關注的是謂項的分類(亞里士多德使用katêgoria來表示「謂項」)。考慮一下某個特定的主題，比如說亞里士多德本人吧。我們能問各種各樣有關他的問題：他是甚麼？——他是人，是動物，等等。他的特質是甚麼？——他是臉色蒼白的、聰明

ΑΡΙΣΤΟΤΕΛΟΥΣ ΤΑ ΜΕΤΑ ΤΑ ΦΥΣΙΚΑ

ARISTOTLE'S METAPHYSICS

A REVISED TEXT
WITH INTRODUCTION AND COMMENTARY

BY

W. D. ROSS
FELLOW OF ORIEL COLLEGE
DEPUTY PROFESSOR OF MORAL PHILOSOPHY IN THE
UNIVERSITY OF OXFORD

VOLUME I

OXFORD
AT THE CLARENDON PRESS
1924

圖11 「人天生渴望認識」：這是亞里士多德在《形而上學》裏樂觀的開卷語。本圖是戴維‧羅斯爵士(Sir David Ross)彙編的亞里士多德《形而上學》的標題頁，該書由牛津大學出版社於1924年首次出版。

的，等等。他的身材如何？——他五英尺十英寸高，體重十點八英石*。他與其他事物是何種關係？——他是尼各馬可的兒子、皮提亞斯的丈夫。他在哪裏？——他在呂克昂……等等。不同類型的問題可由不同類型的謂項來恰當回答。「身材如何」這個問題涉及到表示數量的謂項；「何種關係」問題涉及到關係謂項，如此等等。亞里士多德認為，這樣的謂項有十類；他還描述了每類謂項的特性。例如，「數量的真正特性是它能被稱做相等或不相等」，再比如，「僅就質量而言，指的是事物被稱為相像或不相像」。亞里士多德對所有分類的敍述並不同樣清楚，他對甚麼歸屬於哪一類的討論有些令人困惑。此外，人們還不清楚亞里士多德為何把謂項分成十類。(除了在《範疇》裏，他很少使用全部的十類謂項；並且他也許不太執着於是否正好是十類。)但總的一點是很清楚的：謂項分為不同的類。

亞里士多德對謂項的分類現在被稱做「範疇」，「範疇」這一術語的含義由被歸類的事物轉變為這些事物被歸入的類；所以，談論「亞里士多德的十個範疇」是很正常的。更重要的是，範疇通常指的是「存在」的範疇——事實上，亞里士多德本人有時會稱它們為「存在事物的類型」。為何會出現從謂項的類向存在物的類的轉變呢？假定謂項「健康的」對亞里士

---

* 英國重量單位，一英石相當於6.35千克或14磅。——編注

多德的描述是真實的：那麼「健康」就是亞里士多德的一個特質，並且定然存在一種叫做健康的事物。總的說來，如果一個謂項對某物的表述為真，那麼該事物就具有某種特徵——與謂項一致的特徵。並且與謂項相一致的事物或特徵本身，又可以用一種與謂項分類方法一樣的方式進行分類。或者更確切地說，只有一種分類：在對謂項進行分類時，我們同時對特徵進行了分類；當我們說在「亞里士多德是健康的」這個句子中描述亞里士多德的謂項是一個質量謂項，或在「亞里士多德在呂克昂裡」這個句子中描述他的謂項是一個地點謂項時，我們其實在說健康是一種質量或者說呂克昂是一個地點。事物與謂項一樣，分為不同的類；並且，如果謂項有十類或十個範疇，就有十類或十個範疇的事物。

回答「某物是甚麼？」這一問題的謂項屬於亞里士多德稱之為「實體」的範疇；屬於該範疇內的事物就是實體物質。實體的分類特別重要，因為這一分類是第一位的。為了理解實體的第一位重要性，我們得簡要地看一看對亞里士多德整個思想具有核心意義的一個概念。

亞里士多德注意到某些希臘詞語是模棱兩可的。比如"sharp"這個詞，在希臘語中和在英語中一樣，都可描述刀和聲音；很明顯，描述聲音很 sharp（尖銳）是一回事，描述刀很 sharp（鋒利）則又是一回事。許

多模棱兩可的情況很容易被發現：它們可造成雙關，但它們並不造成理解上的困惑。但是，模棱兩可的情況有時表達的意思更為微妙，有時會影響具有哲學意義的術語。亞里士多德認為哲學裏的大部分重要術語都是模棱兩可的。在《智者的駁辯》中，他用了不少時間來闡釋和解答基於詞義模糊性之上的詭辯難題；《形而上學》第五卷——有時被稱為亞里士多德哲學詞彙表——就是一組短文，討論許多哲學術語的不同含義。「某物被稱為一種原因的一種條件是……，另一種條件是……」；「如果……或如果……某物就被稱為是必然的」；等等，諸如此類，亞里士多德自己的哲學體系裏的許多核心術語也有討論。

其中一個被亞里士多德視為語義模糊的術語是「存在」(being)或「存在物」(existent)。《形而上學》第五卷第七章就是用來闡釋「存在」的；第七卷的開頭就說：「就像我們在前面討論語義模糊性時描述的那樣，事物據說具有多重意思。因為存在表明一個事物是甚麼(也就是說，某人或某事如此這般)以及以這種方式表述的每一個其他事物，或其他事物的量或數量。」至少，有多少種存在的範疇就有多少種「存在」意義。

一些語義模糊僅僅是「偶然的同音異義」現象——就像希臘語單詞 kleis 既表示「門閂」，又表示「鎖骨」。亞里士多德並不是想說，kleis 同時意指

「閂閂」和「鎖骨」是一種偶然(那很明顯是錯誤的，許多語義模糊都可以用某種大致的相似性來加以解釋)。他的意思是，該詞的兩個用法之間沒有意義上的聯繫：你可以在毫不知道另外一個詞義的情況下使用其中的一個意義。但是，並非所有的語義模糊都是這種意義上的「偶然的同音異義」，並且，尤其是「存在」(be)和「存在」(exist)這兩個詞並不代表一種偶然的同音異義：「按一般說法，事物以許多方式存在，但這僅僅是在描述某一事物或某一單個性質，不是同音異義。」(「不是同音異義」在此是指「不是偶然的同音異義」。)亞里士多德用兩個非哲學事例來解釋他頭腦中的思考：

> 每一種健康的事物都關乎健康——一些事物擁有健康，一些事物帶來健康，一些則是健康的跡象，一些事物樂意接受健康。被稱為醫療的事物與醫療技術有關——一些事物擁有醫療藝術，一些能很好地適應醫療技術，其他的則是實現醫療藝術的儀器。我們還可以找到以類似方式稱呼的其他事物。

「健康」這個詞的語義是模糊的。我們稱各種各樣的事物——人、礦泉療養、食品——是健康的；但

是喬治五世、博格諾里吉斯*和全麥維的健康不是一個意義上的健康。不過，「健康」的不同含義是相互關聯的，這種相互關聯是由以下事實決定的：它們指的都是某一事物，即健康。因此，說喬治五世是健康的指的是他擁有健康；說博格諾里吉斯是健康的是因為它能帶來健康；說全麥維是健康的是因為它能維持健康等等。「某種單個的特性」被用於解釋，為何這些不同事物中每一種都是從不同的角度闡述健康的。

「醫療的」這個術語也是這樣，它以類似的方式指向醫學。根據亞里士多德的說法，「存在」或「存在物」也是如此。

因此，事物按不同的說法以許多方式存在着，但都與一個最初的出發點有關。一些事物被稱為存在是因為它們是實在物質；其他則因為是物質的屬性而存在着；還有的是因為它們是物質的生成途徑，或是物質以及與物質有關的存在物的破壞、匱乏、質量屬性、生產者或創造者，或因為它們是對這些方面或對物質的否定。

就像健康之所以被稱為健康是因為與健康有關，所有的事物之所以被稱為存在(be)或存在(exist)是因為與實存物質有關。存在着顏色和尺寸、變革和破壞、

地點和時間。但是顏色的存在是因為某種物質有顏色，尺寸的存在是因為某種物質具有大小，運動的存在是因為某種物質在運動。非物質也存在，但它們是寄生性的——它們作為物質的變體或屬性而存在。非物質的存在是因為存在的物質以一種或另一種方式發生了變體。但物質的存在不是寄生性的：物質的存在是第一位的；因為物質的存在不是因為其他事物——非物質——的存在才得以實存。

與「健康」一樣，「存在」這個術語是多樣性的統一；正如「健康」一詞指向健康，「存在」都指向實在物質。這就是實在作為第一位類別與其他存在範疇相關聯的主要方式。

那麼，成為一個實在意味着甚麼呢？實在謂項就是恰當地回答「那是甚麼」的謂項。人是一個實在；換言之，「人」是一個實在謂項，因為「他是人」就是對「亞里士多德是甚麼？」的恰當回答。但是，「那是甚麼？」這樣的問題太不嚴密了。在《形而上學》第五卷裏，亞里士多德又補充或增加了一項成為實在的不同標準：「事物以兩種方式被稱做實在：任何終極主體，不是說明其他事物(主體)的；以及任何可以分離的『這個某某人(物)』。」在事物被稱為實在的第二種方式中，串起了亞里士多德在思考這個問題時經常使用的兩個概念：實在是「這個某某人(物)」，並且它又是「可以分離的」。

「這個某某人(物)」翻譯自希臘語"tode ti"，一個很古怪的短語，亞里士多德在其他地方也未作解釋。他頭腦中所考慮的也許可以表述如下：實在是我們可以用指示短語「這個某某人(物)」來談論的事物，是可以被挑選出來、加以識別並分成個體的事物。比如，蘇格拉底就是「這個某某人」的一個例子；因為他是這個人———一個我們能挑選出來進行識別的個體。

　　但是，對於蘇格拉底的面色，比如蒼白，情況又是怎樣？我們不能用短語「這個蒼白」來指稱嗎？這個蒼白不是我們能識別和重新識別的事物嗎？亞里士多德認為「這種特定的蒼白是在一個主體，即物體之上(因為所有的顏色都附着在物體上)」，他用「這種特定的蒼白」似乎是指「這個蒼白」，蒼白這種屬性的一個個體實例。但是，即使這個蒼白是一個個體事物，也並不表明我們必須承認它是一個實在。因為實在不僅是「這個某某人(物)」，而且還是「可以分離的」。這裏的可分離性又是甚麼呢？

　　看來，蘇格拉底可以沒有蒼白而存在，但蘇格拉底的蒼白不能在沒有蘇格拉底的情況下存在。蘇格拉底可以躺在沙灘上，因此不再臉色蒼白；他沒有蒼白地在那裏———但是他的蒼白卻不能沒有他而獨自在那裏。蘇格拉底可以脫離蒼白。蘇格拉底的蒼白卻不能脫離蘇格拉底。這也許就是亞里士多德所說的可分離

性的部分內容，但是可能不是他要表示的全部意思。首先，蘇格拉底可以停止臉色蒼白，但他不能停止臉上的顏色；他可以脫離蒼白，但他不能以同樣的方式脫離顏色。

我們需要重提一下亞里士多德對存在的模糊性的描述。我們已看到，一些事物是寄生在其他事物之上的：一個寄生物的存在，是因為與另一個存在物以某種方式相關聯。在寄生和分離之間有一種聯繫：如果一個事物不是寄生的，那麼它就是可分離的。蘇格拉底可以與蒼白分離，因為蘇格拉底的存在不是為了讓他的蒼白以某種方式被改變；而蘇格拉底的蒼白不可與蘇格拉底相分離，因為它的存在是為了某種其他事物，即蘇格拉底變得蒼白。蘇格拉底可以脫離他的蒼白。他還可脫離顏色，因為儘管他必須有某種這樣或那樣的顏色，但他的存在不是為了讓顏色以某種方式被改變。總的說來，蘇格拉底可脫離其他的一切事物：蘇格拉底的存在不是為了讓其他事物變得這樣或那樣。

那麼，何謂實在呢？一個事物，當且僅當它既是一個個體〔一個「這個某某人(物)」，能夠由一個指示性短語指明的事物〕，又是一個可分離的事物(非寄生的事物，其存在不是為了其他事物以某種方式進行改變)時，才是實在。

我們現在可以回到亞里士多德提出的那個永久問

題上：甚麼樣的事物才是真正的實在？我們不應指望從亞里士多德那裏獲得簡單而又權威的答案(畢竟，他認為這個問題是個永久的謎)，事實上，他試圖給出的答案吞吞吐吐、難以理解。但是，有一兩點相當清楚。亞里士多德認為，先輩們對這個問題已經暗示了許多不同的答案。一些人曾認為，像金、肉、土、水這樣的物質是實在(他想到的主要是希臘最早時期的哲學家們，他們把注意焦點放在事物的材料組成上)。其他一些人認為，普通事物的終極組成部分就是實在(亞里士多德在此又想到古代原子論者的觀點，他們設想的基本實體是細微的微粒)。然而，還有些思想家則提出數字是實在(畢達哥拉斯學派和柏拉圖的一些追隨者屬於這一陣營)。最後，有些人認為，實在只能在某些抽象實體或一般概念中找到(柏拉圖的形式教義就是這種理論的傑出代表)。粉筆、一組夸克微粒、質數、真理和美都是，或都曾被認為是構成實在的備選項。

亞里士多德否定了所有這些備選項。「很顯然，在被認為是實在的事物中，大部分都關乎能力——動物的組成部分……土、火和空氣。」我們也許會說，土的存在是為了讓某些實在獲得能力(在亞里士多德看來，土能讓它們具有向下運動的能力或趨勢)；火的存在是為某些實在加熱、使之燃燒，然後有飄升的趨向。至於動物的組成部分，「所有這些都由它們的功能清楚地規定着；因為每個部分只有能執行其功能時

圖12　這是關於柏拉圖形而上學的一則對話的殘片，也許來自亞里士多德遺失的著作《論理念》。這段文字反寫在一塊泥巴上：泥巴吸收了莎草紙上的墨水，而莎草紙則腐爛掉了。這個殘片是在阿富汗發現的——參見171頁圖解。

才算名副其實——比如，眼睛只有能看事物才能稱其為眼睛；並且不能看東西的眼睛只是一個同音異義的眼睛(比如，已死亡的眼睛或由石頭做成的眼睛)」。眼睛就是能看東西的事物；眼睛的存在是為了讓動物看見東西。

關於物質和動物的組成部分就說這麼多。至於數字，他們很顯然是非實體性的。只要有成組的三個事物，數字3就存在。數字本質上是事物的數量，儘管數字10與任何或每一組數量為十的事物不是一回事，可數字10的存在恰恰就在於存在着這樣許多十個一組的實在。這至少是亞里士多德在《形而上學》最後兩卷裏提出的觀點。

亞里士多德把駁斥的焦點大都放在對實在資格的第四個備選項上。柏拉圖的形式理論是那時亞里士多德所熟悉的闡述最詳細的本體論，那也是他在柏拉圖學園裏數年浸淫其中的一個理論。亞里士多德駁斥柏拉圖的這個理論始見於一篇特殊的專題論述《論思想》之中，該文只保留下些許殘片。他不斷地攻擊，提出一系列反對該理論的意見。許多論述涉及柏拉圖觀點的細節方面；不過，也有一些是關於總體方面的，這些論述對任何把真理和美這樣的一般性物項看做實在的理論都同樣有辯駁力。

亞里士多德認為，只要有某些實在是白色的，白色就存在。相反，柏拉圖認為一個實在是白色的在於

其享有白色。在亞里士多德看來，白色的事物要先於白色而存在，因為白色的存在僅僅是因為存在着白色物體。在柏拉圖看來，白色先於白色事物而存在，因為白色事物的存在僅僅是因為它們享有白色。亞里士多德駁斥柏拉圖觀點的論說非常有力，但是它們不能說服堅定的柏拉圖主義者——也很難看出這一爭論該如何收場。如果柏拉圖主義選擇其他三種方式來描述實在，亞里士多德又會說甚麼呢？亞里士多德提出反駁的實在是甚麼呢？答案是堅實而又符合常理的。第一種也是最明顯的實在是動物和植物；在此之外我們還可以增加其他天體(比如太陽、月亮、星星)和人造物(桌子和椅子、鍋和盤子)。總體說來，可感知的事物——中等尺寸的物體——是亞里士多德世界裏的主要內容；很重要的是，他常常通過質疑除了可感知的實在外是否還存在任何實在，來提出自己的本體論問題。在亞里士多德看來，這些是基本現實，也是科學主要關注的內容。

第十一章
變化

關於亞里士多德世界裏作為主要實在的中等尺寸的質料物體，我們還能再概括地說些甚麼嗎？它們最重要的特徵之一是它們在變化。不像柏拉圖的形式（Forms）那樣永久、同一地存在着，亞里士多德的實在大部分都是短暫的物項，經歷着各種各樣的變化。在亞里士多德看來，共有四種變化：一個事物可在本體方面發生變化，可發生質變、量變以及地點方位的變化。在本體方面的變化就是該物的形成和不再存在，或者說是該物的產生和毀滅；這類變化的發生是在一隻貓出生和死亡的時候，一座雕塑被豎立和被打碎的時候。質變又叫改變（alteration）：當植物在陽光照耀下變綠、在暗處變得蒼白時就發生了改變，當蠟燭遇熱變軟、遇冷變硬時就發生了改變。量變就是增益和縮減；自然界事物就是誕生時開始增長、終結時逐漸萎縮。最後一種變化──地點方位上的變化就是運動。《物理學》的大部分內容就是對不同形式的變化進行的一項研究。因為《物理學》研究的是自然科學的哲學背景，並且「自然是運動和變化的一個原

PHYSICORVM
ARISTOTELIS
LIBRI,
IOACHIMO PERIONIO
interprete:nunc verò opera doctif-
fimi Nicolai Grouchij inte-
grè reftituti,limati,
& emendati.

QVORVM SERIEM
pagina fequens in-
dicabit.

IN VIRTVTE,   ET FORTVNA.

LVGDVNI,
APVD GVLIEL. ROVILLIVM,
SVB SCVTO VENETO.
M. D. LXI.

圖13　1561年里昂出版的《物理學》的扉頁。「《物理學》的大部分內容就是對不同形式的變化進行的一項研究。因為《物理學》研究的是自然科學的哲學背景，並且『自然是運動和變化的一個原則』。」

則」，因此「事物如果擁有這樣一個原則就是具有自然性」。換言之，自然科學的主題就是運動和變化的事物。

亞里士多德的先輩們被變化現象困擾着：赫拉克利特認為變化是永恆的、是現實世界最基本的特徵；巴門尼德否認事物形成的可能性，因此也就否認有任何變化；柏拉圖認為變化着的平常世界不能成為科學知識的主題。在《物理學》第一卷裏，亞里士多德認為每次變化都涉及三樣事物：變化發生的起始狀態、變化朝向的狀態以及經歷變化的事物。在第五卷裏，他又略微地進行了修正：「存在着引發變化的事物和正在發生變化的事物，還有變化發生於其間的事物(時間)；除此之外，還有變化發生的起始、終了狀態。因為所有變化都是從某物到另一物，還因為變化中的事物與起始狀態的事物是不同的，與終了狀態的事物也是不同的——比如，原木、熱、冷。」當一根原木在壁爐裏變熱，它就開始從冷的狀態發生變化；變化到熱的狀態；原木本身經歷了變化；變化經過了一些時間；存在某個事物——也許是我那點燃的火柴——引發了這種變化。

在每次變化中都有一個起始狀態和一個終了狀態，這一點是顯而易見的；這兩個狀態必須是可區分的，否則變化就不會發生。(一個物體可由白變黑，然後又由黑變白。但是如果在某個特定時間內顏色一直

相同，那麼在那個時間段裏顏色就沒有發生變化。)同樣，在質變、量變和地點方位變化中，很明顯要有一個物項歷經變化的始末。一方面，「除了變化的事物外沒有變化發生」，或者說「所有的變化都是事物的變化」；另一方面，這種「事物」必須持續存在(把我的滿杯倒空是一回事，而用另一個空杯子換掉我的滿杯則是另一回事)。到現在為止，亞里士多德的分析一直順利。但是，亞里士多德在分析實在(物質)的變化時似乎有些困難。

很容易想像到的是，產生和毀滅的兩個極端就是非存在和存在狀態。當蘇格拉底降生時，他便由非存在狀態變化到存在狀態；當他死的時候則發生相反的變化。可是，仔細一想就會覺得這一想像有些荒謬，因為蘇格拉底沒有歷經他的整個出生過程，也沒有歷經他的整個死亡過程。相反，這兩次變化標誌着蘇格拉底存在的開始和終結。亞里士多德在這一點上的觀點是，實在——質料物體——在某種意義上是合成的。比如，房屋是由磚和木材按照一定的結構組成的；雕塑是由雕刻成一定形狀的大理石或銅構成的；動物是由組織(肉、血液等)按照某些特定原則構成的有機結構。所有實在都由兩「部分」構成：材料和結構，亞里士多德習慣性地稱之為「物質」和「形式」。物質和形式不是實在的物理組成部分，正如你無法把雕塑分割成兩個獨立的部分：銅和形狀。另一

方面，我們不能把物質看做實在的物理組成部分、把形式看做某種附加的非物理組成部分：一個足球的形狀和它的皮革組織一樣，都是其物理組成部分。相反，物質和形式都是實在的邏輯組成部分；換言之，在描述某個特定實在是甚麼時——比如描述一座雕塑是甚麼或一隻章魚是甚麼——需要同時提到它的構成材料和結構。

我們現在可以看出，「任何誕生的事物必然總是可分的，部分是這樣的、部分是那樣的——我指的是部分是物質、部分是形式」。並且：

> 很顯然，……實在是由某種作為基礎的主項中誕生的；因為必然會存在某個事物構成實在的基礎，誕生物的產生便由該事物而來——比如，植物和動物都是由種子那裏來的。在一些情況下，所誕生的事物是通過形狀的變化而產生的(比如雕塑)，在一些情況下通過增益(比如生長的事物)、在一些情況下通過縮減(比如一座赫耳墨斯的大理石雕像)、在一些情況下通過組合(比如一間房屋)……

當一座雕塑誕生或者說被製作出來時，一直存在的物體不是雕塑本身，而是製作雕塑的物質，即銅塊或大理石石塊。終極狀態也不是非存在和存在，而是

無定形的和定形的狀態。當一個人誕生時，一直存在着的是原料，而不是人；而且這種物質先是非人狀態，然後變成人的狀態。

對變化性質的這般描述具有的優點是，可以讓亞里士多德克服前人關於變化所提出的許多難題。但是這種克服還不能完全令人信服。阿奎納（Thomas Aquinas）* 這位對亞里士多德最為贊同的評論家認為，該理論排除了創造的可能性。阿奎納的上帝憑空創造了世界。一旦世界形成，那麼按照亞里士多德的觀點，就是一個實質性的變化。但是這個變化並不是對一堆預先存在的物質強加一個新的形式：沒有已存的物質，上帝創造世界時是一邊設計結構一邊製造了原料。阿奎納說，如果僅僅對塵世間進行思考，你也許傾向於接受亞里士多德對變化的分析。但如果往天上看看，你就會明白不是所有的變化都符合這樣的分析。不管是否同意阿奎納的神學理論，我們也許都會接受其批評的精髓；因為我們不能僅憑邏輯方面的理由排除創造。不過，如果說亞里士多德對變化的描述過於狹隘，那麼這個理論對他的科學理論來說影響還不算太大；因為該理論主要關注的是普通的、塵世的、變化的事物。

嚴格地說，我迄今所描述的並非亞里士多德對變化本身進行的闡述，而是對變化的前提條件的描述。

---

* 　阿奎納（1226–1274），意大利中世紀神學家和經院哲學家。——譯注

不管怎樣，他在《形而上學》第三卷裏提出了「何謂變化？」的問題，並給出一個回答作為對第一卷裏相關討論的補充。他的回答是：「變化是有可能成為某物的潛能的實現。」〔這句話常作為亞里士多德對運動的定義而被引用。英語「運動」（motion）通常的意思是「地點的變化」、「移動」。亞里士多德在這裏使用的詞是kinêsis：儘管該詞有時僅限於表示移動，但一般來說它的常用義表示「變化」；在《形而上學》第三卷裏，該詞使用的就是常用義。〕亞里士多德的批評家就曾將該句斥為言辭浮誇的故弄玄虛。對此有必要進行簡要的評論。

術語「實現」和「潛能」在亞里士多德的專題論述中形成一個重複的主題。它們被用於區分實際上是某某人(物)的事物和潛在地是某某人(物)的事物；比如，可區分一個正在磚頭上抹灰泥的建築工人和一個休假的建築工人(一個不在進行建築操作，但保持有相關技術和能力的工人)。具有一種能力是一回事，運用那種能力則是另一回事；具有潛能是一回事，實現潛能則是另一回事。亞里士多德對實現和潛能之間的區別多次作出斷言，有的很敏銳，有的則存在問題。比如，他認為「在所有情況下，實現都在定義上和實在上早於潛能；並且在時間上，實現在某種程度上早於、又在某種程度上遲於潛能」。第一點是正確的；因為，為了定義潛能我們必須詳細指出潛能的指向，

這樣我們就是在陳述「實現」。(要成為一個建築工就要具有建築的本領;要成為看得見的事物就要具有被看見的能力。)既然反過來說是不正確的(實現不會以同樣的方式預設潛能),實現就在定義上先於與之相關的潛能。可另一方面,實現在時間上早於潛能的說法就不那麼令人信服了。亞里士多德的意思是,在任何潛在的某某人(物)之前必然存在真實的某某人(物)——存在潛在的人(即任何能變成人的原料)之前,就必然已經存在真實的人。因為,他說道:「在所有情況下,真實的某某人(物)是通過真實的某某人(物)的介質作用,才由潛在的某某人(物)變化而形成的——比如,人由人生,音樂愛好者則在其他音樂愛好者的幫助下形成。永遠存在引發變化的事物,引發變化的事物本身就是現實存在的某某人(物)。」總的說來,任何變化都需要有一個誘因;並且總的說來,你使某件事物成為某某物是因為你將某個特徵傳遞給了它,而且你只能傳遞你本身所具有的特徵。因此,如果某人逐漸愛上了音樂,他必定是受某人或某物的影響而愛上音樂的。所以,真實的音樂愛好者必然存在,以便潛在的音樂愛好者能實現其潛能。亞里士多德的論述很精巧,但不是結論性的。首先,它沒有表明現實事物早於潛在事物,只表明了現實事物早於潛能的實現。第二,它依賴的是不可靠的因果原理——比如,原因不必具有、通常也不具有傳遞性。

「變化是有可能成為某物的潛能的實現。」實現和潛能都指向哪裏？答案出現在亞里士多德論證的過程中：是潛能在發生變化。我們因此可以用以下句子來替換亞里士多德那語義模糊的句子：「變化是具有可變性的事物實現其可變性。」既然在我們看來這可以解釋某物發生變化的含義，接着就讓我們把亞里士多德的抽象名詞「變化」和「實現」換成淺顯的動詞：「當某物擁有一種變化的能力並發揮這種能力時，它就處於變化過程之中。」這樣的釋義無疑降低了亞里士多德分析的含糊晦澀；但似乎又付出了另一種代價——陳腐乏味。因為這樣的分析成了同義反覆的重言式*。

也許情況不是這樣的。亞里士多德也許不想提供一個關於變化的啟發性定義，而是想就變化中所涉及的某種實現關係發表特定的觀點。亞里士多德認為，某些現實和與之相關的潛能是無法共存的。白色的物體不能再變白了。現實已經是白色的物體不會同時具有變白的潛能。在被刷成白色之前，天花板曾經具有變白的可能，但那時不是白色；現在，粉刷過了，它是白色的，卻不再具有變白的潛能了。其他的現實則不同：現實已經是某某人（物）的情形可以與變成某某

---

*　重言式：由更簡單的陳述句以一定方式組成的無意義的或空洞的陳述以使其在邏輯上正確，無論這更簡單的陳述是正確的或錯誤的，例如陳述句「明天或者下雨或者不下雨」。——譯注

人(物)的可能性同時存在。當我抽煙斗時，我仍然具有抽煙斗的可能性(否則我就不能繼續抽下去)。當一個障礙賽參賽者在賽道上飛奔時，他仍然具有飛奔的可能性(不然他就到達不了終點線)。亞里士多德對變化的「定義」，要點也許在於：變化是第二種意義上的實現。當蘇格拉底皮膚被曬成褐色時，他依然有被曬成褐色的可能性(否則曬他的皮膚就不會有進展)；風信子在生長時，依然有生長的可能(否則它就會是一株可憐的、矮小的植物)。總的說來，當一個物體在變化時，它依然有變化的可能。

關於變化，亞里士多德還有很多要說。變化發生在時間和空間之內，《物理學》提供了許多關於時間、地點和真空之性質的複雜理論。因為空間和時間是無限可分的，亞里士多德就分析無限性這個概念。他還討論了許多關於運動與時間之間關係的特殊問題，包括簡要地分析了芝諾(Zeno)著名的運動悖論。

收錄於《物理學》的不同文章都是現存亞里士多德作品中較為成熟的：儘管它們討論的主題很棘手，儘管許多進行細緻討論的段落難以理解，它們的總體結構和要旨卻總是十分清晰。《物理學》是開始閱讀亞里士多德的最好切入點之一。

第十二章
因

　　質料性物體變化着，並且它們的變化是由因引起的。科學家的世界充滿了因，並且正如我們所見，科學知識要求具有陳述原因並給出解釋的能力。我們應該期待亞里士多德的科學專題論文到處都是對因的看法和解釋；並且期待他的哲學論文中包含某些對因果關係和解釋的性質的闡述。這兩點都沒有讓人失望。

　　亞里士多德對解釋進行闡述的精髓是他的「四因」學說。以下是他所作的簡要闡述：

　　一個事物之被稱為因，一種方式是它是某物的一個構成成份(比如製作雕塑的銅、高腳酒杯的銀等，諸如此類)。其他的方式還有，它是本質的形式和模式，即它是本質的準則、本質的屬(比如，八個一組的事物中的2：1或其他常規數字)，理由的組成部分。還有，它是變化或其他過程的第一原理的起源(比如，進行思考的人是一個因；孩子的父親，以及泛言之，正在製造某物的製造者和正在改變某物的改變者是因)；還有，它是目

標——也就是說，為之而變化的原因(比如散步的健身效果——他為何在散步？——我們會說：「為了健康」；這樣說時我們就會認為已陳述了因)；還有，那些在其他事物引發一次變化後，處於改變者和目標之間的事物——比如，節食、通便、藥物、保健儀器；因為這些都是為了健康這個目標，它們之間的區別在於有的是儀器，有的則是行動。

亞里士多德告訴我們，人們可用四種不同的方式認定事物為「因」；但他的例證過於簡短、難以捉摸。來看一看第一個例子：「製作雕塑的銅。」亞里士多德的意思不大可能是指，銅可解釋雕塑或是雕塑的因，因為這樣說沒有任何意義。他要表示甚麼意思呢？首先值得注意的一點是，在亞里士多德看來，尋求因就是在尋找「因為甚麼甚麼」；換言之，就是要問某物為何是這樣的。一個「為何？」的問題需要一個「因為」來回答；因此，如果想引證某物的因，應該可以使用句型「X因為Y」。

第二點是，亞里士多德認為「『因為甚麼甚麼』的問題總是以以下方式來探究的：因為甚麼某物屬於另一物？比如因為甚麼而打雷？因為甚麼雲層裏發出聲音？這樣，即可由某事物追溯到另一事物。還有：因為甚麼這些事物(即磚頭和木料)是一所房屋？」每

圖14 「一個事物之被稱為因，一種方式是它是某物的一個構成成份，比如製作雕塑的銅、高腳酒杯的銀等，諸如此類。」這是古希臘德爾斐城的一座雕塑：一個凱旋而歸的戰車馭者。

當我們尋找因時，我們總是會問那又是為甚麼，某某人(物)為何是如此如此的。換言之，我們試圖解釋的事實可以用一種簡單的主項—謂項句型表達：某某人(物)是如此如此的。我們所問的問題是：某某人(物)為何是如此如此的？答案可以用這樣的形式表達：某某人(物)如此如此是因為……(當然，我們不僅能問為何涉水鳥長着有蹼的腳，而且也能問為何存在涉水鳥；並且如果前一個問題問的是「因為甚麼某物屬於另一物？」那麼後一問題似乎只關係到一樣事物，即涉水鳥。對於這一點的回答，亞里士多德運用的是他把實在分析為物質和形式時所用的方法：要問為何有涉水鳥，就是問為何動物的組織有時具有這樣或那樣的形式——而且那就等於在問「因為甚麼某物屬於另一物？」)

最後一點，亞里士多德認為「因是中間關係詞」：要問「某某人(物)」為何「如此如此」，就好像在尋找連接「某某人(物)」與「如此如此」之間的關聯；這個關聯將構成該問題中兩個詞語間的中間關係詞。「『某某人(物)』為何是『如此如此』？」——「因為某人(物)如此。」更詳細地說：「『某某人(物)』是『如此如此』的，是因為『某某人(物)』是『某人(物)如此』，並且『某人(物)如此』也是『如此如此』。」為何奶牛有好幾個胃？因為奶牛是反芻動物而且反芻動物有好幾個胃。解釋實

際上不必總是以那種僵硬的方式呈現；但亞里士多德認為總是可以這樣呈現，而且這種僵硬的形式最清楚地展示了因果連接關係的本質。

對解釋性句子的這種分析使我們能夠看出，亞里士多德關於解釋的概念是如何與他的邏輯結合起來的，看出作為科學家首要研究目標的因如何在公理化演繹系統裏進行表述，該系統呈現的是他最終的成果。而且，我們現在經過了更充分的準備去理解「四因」學說。

亞里士多德所區分的第一種因──「構成某物的成份」，通常被他稱為「作為物質的因」，被他的評論者稱為「質料因」。「製作雕塑的銅」這個例證可被看做以下表述的省略形式：「雕塑是甚麼甚麼樣的，是因為雕塑是由銅製作而成並且銅是甚麼甚麼樣的。」(可用「具有延展性的」、「棕色的」、「重的」、「佈滿銅綠的」等表述來替換「甚麼甚麼樣的」。)中間關係詞「由銅製作的」表述了雕塑具有(比如說)延展性的原因；因為銅是雕塑的組成原料，所以這裏的原因就是質料因。

亞里士多德所說的第二種因──「形式和模式」，通常被稱做「形式因」。所舉的例證又是模糊晦澀的。我們再來看一看下面一段話：「那是甚麼和那為何是甚麼這兩個問句是一樣的。月食是甚麼？──由於地球的遮擋月亮的光沒有了。為何有月

食呢？或者：月亮為何出現月食？——因為當地球擋住它時光離開了月亮。」換言之，月亮出現月食是因為月亮由於被遮擋而沒有了光線且事物被遮擋而失去了光線就產生食。在這裏，中間關係術語「被遮擋而失去了光線」解釋了為何發生月食；並且它表述了月食的形式或者說本質——他說明了月食是甚麼。

現代讀者最樂於把因果概念與一物對另一物的作用聯繫起來——比如與推和拉聯繫起來；他們也許覺得最熟悉的就是亞里士多德的第三類因，通常被稱為「作用力」或「動力因」。至少，亞里士多德對作用力因所作的例證，具有了與我們現在的因果概念相關的特徵。因此，所舉的例證似乎表明，作用力因與其所作用的對象是明顯不同的(父親不同於兒子，而銅並非不同於雕塑)，並且因要在果之前(進行思考的人在他行動之前進行思考，而遮擋並不在月食之前出現)。

不過，亞里士多德並未把作用力因看做與物質和形式因截然不同。而且，他認為作用力因並非總是位於其結果之前——實際上，他把因果的共時性看做很正常的事。對他的例證「孩子的父親」也許可以更加充分地闡述如下：「孩子是人，因為他有一個人類父親且具有人類父親的孩子是人。」在這裏表示因的詞是「有一個人類父親」；因並未先於結果：孩子並未首先有一個人類父親，然後變成一個人。亞里士多德在其他地方給出了幾個前因的例子：「為何波斯戰爭

降臨到雅典人的頭上？雅典人遭受戰爭的原因是甚麼？——因為他們與埃瑞特里亞城的人一起攻擊了薩迪斯人；因為此事引發了這次的變化。」但是這樣的例子是不常見的。

亞里士多德把他的第四類因看做「為了甚麼的原因」和「目標」。這常常被稱為「目的因」(finis是表示「目的」或「目標」的拉丁語單詞)。就像亞里士多德所給的例證表明的，表達目的因的常用方式是使用連接語「為了」或「為的是」：「他為了健康而在散步。」目的因在很多方面是古怪的：首先，它們很難用「因為甚麼」來表述——「為了」很難翻譯成「因為」。第二，它們似乎只適合少數一些情況，即人類的有意圖行為(因為「為了」表示一種意圖，且只有人類的行為才具有意圖性)。

第三，它們似乎發生於結果之後(引發散步的健康是在散步之後獲得的)。第四，它們或許並不存在卻具有作用力(一個人的健康問題使得他去散步，然而健康從未獲得——他也許過於閒遊浪蕩而不能獲得健康，或者他在閒逛過程中慘遭橫禍被汽車撞倒了)。第三、第四點古怪之處最容易解釋。亞里士多德明確地承認，目的因在其作用效果之後發生；並含蓄地承認存在着目的因具有作用力但並不存在的情況——因此，這兩點都未曾給他奇怪的印象。第二點古怪之處更為重要。亞里士多德並不認為目的因只適合有意圖的行

為：相反，目的因發揮作用的基本場所是大自然——在動物和植物世界裏。我會在後面的一章裏重新談論這一點。第一點古怪之處需要進行即時的評論。

目的因如何符合亞里士多德對解釋性句子的結構所作的描述？他的目的因的一個例證是這樣簡潔地表述的：「為何存在着房子？——為了保護一個人的財產。」我們可以把這個解釋詳細地擴展如下：房屋蓋頂是因為房屋是財產的遮蓋物，且財產的遮蓋物是要蓋頂的。在這裏，「財產的遮蓋物」是中間關係詞，它表達的是房屋的目的因——它陳述的是擁有一所房屋的目的。但是對亞里士多德例證的注釋讓我們遠離了他的原文，而且很難提供一個類似的注釋去說明「為了健康而慢跑的人」。

目的因不符合「『如此如此』是因為『某人(物)如此』」這一公式。也許我們應該把標準稍稍放寬些。「為何『某某人(物)』是『如此如此』？——因為『某人(物)如此』。」在一些情況下，「某人(物)如此」與「某某人(物)」和「如此如此」之間的關係會如前所述：「某某人(物)」是「某人(物)如此」，並且「某人(物)如此」是「如此如此」。在其他情況下，這種關係可能更為複雜。就目的因而言，「某人(物)如此」將會解釋為何「某某人(物)」是「如此如此」的，因為「某人(物)如此」既是「某某人(物)」的一個目標又是可以通過「如此如此」獲得的

事物。「他為何散步？──為了健康。」健康是他的目標；而且健康可以通過散步獲得。「為何鴨子的腳有蹼？──為了游泳。」游泳是鴨子的一個目標（換言之，腳蹼有助於鴨子游泳）；並且有了腳蹼游泳就容易多了。

　　亞里士多德對解釋的分析不止於對四種因的區分。我會再多提兩個要點。「因為事物有很多種方式被認為是因，這樣就會出現同一個事物同時有許多因的非偶然情形；比如，雕塑的雕刻藝術和銅塊都是雕塑的因（不是為了製作其他事物，而是要做雕塑）；但是它們是不同方式上的因：一個是物質意義上的因；另一個是變化緣起的因。」同一事物可能會有幾種不同的因。將「同一事物」進行弱化解釋是很有吸引力的：比如，雕塑很重是因為它是由銅製作而成的；雕塑跟真人一樣大是因為雕刻家就是這樣雕刻的。這兩個因不是雕塑同一特徵的因，但卻是同一雕塑不同特徵的因。但是，這並非亞里士多德的意思，相反，他認為雕塑的同一個特徵會根據兩種不同方式的因果關係有兩種不同的解釋。因此他認為打雷「既是因為在火熄滅時必然會發出嘶嘶聲並造成聲響，又是──如果真像畢達哥拉斯派所說的那樣──為了恐嚇、驚嚇地獄裏的鬼魂」。並且在生物學著作裏，他經常探求自然的雙重因。

　　這很令人費解。很顯然，如果一個事物解釋了另

一個事物，那麼就沒有可能再假設除此之外還存在第三個解釋該事物的事物；如果一個事物解釋了另外一個事物，那麼後者就算被解釋了——不存在要第三個物項再對之進行解釋了。第一個項目和第三個項目是否是不同類型的因，這幾乎沒有甚麼區別。比如，如果我們想僅僅從機械的角度來充分解釋狗的行為(用一組質料和作用力因)，那麼我們就會拒絕任何從狗的目標或目的的角度進行的假設性解釋——這樣的嘗試甚麼也解釋不了，因為一切都已經被解釋了。

可能亞里士多德的意思與他所說的有些不同：銅在某種程度上可能是雕塑沉重的一個因；但銅本身不能完全解釋雕塑的重量——我們得提到雕刻家，因為他本來完全可以利用銅雕刻出一個很輕的雕塑。那麼，關鍵點就不在於某物既能由一物項完全解釋、也可由另一不同的物項完全解釋；而是說，對某物的一個令人滿意的解釋也許需要提到幾種不同的物項。這一點是正確的，但卻不是亞里士多德所說的觀點。

最後，說一下偶然性。亞里士多德的一些前輩們將無數的自然現象歸因於偶然，亞里士多德對此進行了批評。他本人談及大自然裏的偶然性了嗎？正如我們在前文所見，他確信大自然中很多事物的發生並非始終如一，而只是通常發生着。如果某事物通常以一種方式發生，那麼在極少的情形下必然以另外一種方式發生着。亞里士多德把「意外的」看做通常發生的

情況的特例，也即極少發生的事。因此，通常，人的頭髮會變白。但是，有特例。假設蘇格拉底的頭髮沒有變白，那麼這是個意外，並且這可能是偶然發生的事情。亞里士多德補充說，這樣意外發生的事情超過了科學研究的範圍：「沒有關於意外的知識，這是明顯的；因為所有的知識要麼論述永遠正確的、要麼論述通常是正確的內容。(否則人們如何能以其他方式學習知識或向他人教授知識呢？)」

因此，在亞里士多德看來，在自然中存在意外現象，它們不屬於科學知識。亞里士多德有沒有由此推斷出，這個世界在某種程度上是不確定的、不是所有的事件都由因果關係連接在一起？不，相反，他假設會有自然規律的特例發生是因為構成相關事物的物質的特殊性，這種特徵也可從物質特殊性的角度來進行解釋。如果蘇格拉底頭髮沒有變白，那不是個沒有原因的謎團：那是由蘇格拉底頭髮的特質決定的。意外現象有其原因。亞里士多德不承認自然界之中有無因的事件。但是，他的確承認，不是所有的事件都服從於科學理解；因為不是所有的事物都表現出科學所要求的規律性。

第十三章
經驗論

　　對於最後都會納入歐幾里得的純科學之中的知識，我們該如何獲得呢？我們如何與構成現實世界的物質相聯繫，又如何記錄它們的變化呢？我們如何偶然間找到它們的因並進行解釋呢？演繹邏輯不是答案所在：亞里士多德的三段論演繹法從未被視做尋找關於自然界的論據的一種方法——它提供的是一個用語言表述知識的系統，不是一個獲得發現的途徑。

　　在亞里士多德看來，知識的最終來源是感知。在兩種意義上，亞里士多德是個十足的「經驗主義者」，儘管這個詞意義含糊。第一，他認為我們借以理解和解釋實在的概念或觀念都最終來自於感知；「因此，如果我們無法感知，我們就不會學習或理解任何事物；當我們想起某事物的時候我們必然同時想起一個概念」。第二，他認為所有科學或知識都最終建立在感知性觀察之上。這也許沒有甚麼令人吃驚的：作為一個生物學家，亞里士多德主要的研究工具就是他本人的或他人的官能感知；作為一個本體論者，亞里士多德主要的實在是普通的能感知到的物

體。柏拉圖在他的本體論中給予抽象的形式以主導地位，從而把知識而非感知看做照亮實在的探照燈。亞里士多德則把可感知的細節放在中心位置，把官能感知作為他的火炬。

感知是知識的來源，但不是知識本身。那麼，感知到的事實如何轉變成科學知識呢？亞里士多德把這一過程描述如下：

> 所有動物……都具有天生的區別事物的能力，人們稱之為感知；如果它們身上存在感知，則在一些動物身上保存有知覺的對象，而其他的動物則沒有保存知覺的對象。對於那些沒有保存知覺對象的動物來說……除了感知就沒有知識。但是對一些感知者來說，就有可能將感知對象保存在頭腦中；並且，一旦許多感知對象被保存在大腦中，就存在更大的差別：一些動物由於保存這些感知對象就逐漸地在大腦中建立起一個總的知識賬戶，而其他的動物則沒有這樣的賬戶。因此，由感知而產生我們所說的記憶；再由記憶（當常常與同一事物建立起關聯時）產生經驗——因為數量眾多的記憶形成了一種經驗；再由經驗，或者說由進入大腦裏的全部一般概念……產生了技能法則或知識原理。

我們感知特定的事實——此時此地這事是這樣的（比如，蘇格拉底頭髮正在變白）。這種感知也許留在大腦裏變成了記憶。我們所感知的許多事實都彼此相似：不僅僅蘇格拉底，而且卡利亞斯、柏拉圖和尼各馬可以及其他一些人都被看到頭髮變白了。因此我們逐漸有了一系列相似的記憶——相似感知的殘留。當我們擁有這樣的一系列記憶時，我們就擁有了亞里士多德所說的「經驗」；經驗轉換成極類似於知識的東西，是在「全部一般概念進入大腦裏」時，在這一系列特定記憶似乎被壓縮成一個單一的觀念時——這個觀念即，通常所有的人頭髮都會變白。（我說的是「極類似於知識的東西」：知識本身直到我們理解頭髮變白的原因之後才形成，即直到我們懂得人在變老時頭髮變白是因為在他們變老時頭髮的色素就乾枯了。）知識，總的來說，是由對感知的概括而產生的。

這一說法有待批評。首先一點，我們的大部分知識很明顯不是通過亞里士多德所說的方式獲得的。我們通常不需要進行大量的類似觀測，就可以立即進行一般性地判斷：我懷疑亞里士多德是否觀察了一兩隻以上的章魚通過交接腕交配；並且可以肯定他只解剖了非常少的幾隻對蝦就對其內部結構進行一般性描述。他說一般性知識來自於特定觀察，這在本質上也許正確，但要對實際過程進行令人滿意的描述，在細節方面尚需進行相當的完善。

第二點，亞里士多德的說法會遇到一個哲學上的挑戰。官能感知可靠嗎？如果可靠，我們如何知道那就是感知？我們如何把幻覺和真正的感知區別開來？還有，我們由特定的觀察推理到一般性真理合理嗎？如何知道我們是否進行了足夠的觀察，我們的實際觀察是否是所有可能的觀察領域的合適標本？持懷疑態度的哲學家們多少世紀以來一直提出這類問題，這需要真正的亞里士多德學派的人予以回答。

亞里士多德意識到倉促概括存在的危險；比如，他曾這樣說，「那些這樣認為的人之所以無知，原因在於：動物間交配和生殖上的差異是多種多樣的，並且不很明顯，這些人觀察了少數幾個案例就認為在所有情況下都是一樣的」。但是亞里士多德沒有籠統地說由概括性所引發的問題：那些問題——後來被稱為「歸納」問題——直到亞里士多德死後很長時間才得到詳盡的哲學關注。對於感知問題，亞里士多德還有很多要說的。在他的心理學專題論述《論靈魂》裏，他順便評論說，感官的可靠性根據它們所指向的對象而有所不同。如果我們的眼睛告訴我們「那是白色的」，它們不太可能會錯；而如果它們說「那白色的事物是雛菊」，錯的可能性就大多了。《形而上學》第四卷仔細考慮了許多懷疑性觀點，然後予以了化解。但是《論靈魂》裏的評論沒有任何論據支持，且亞里士多德在《形而上學》中對懷疑主義者的拒斥也

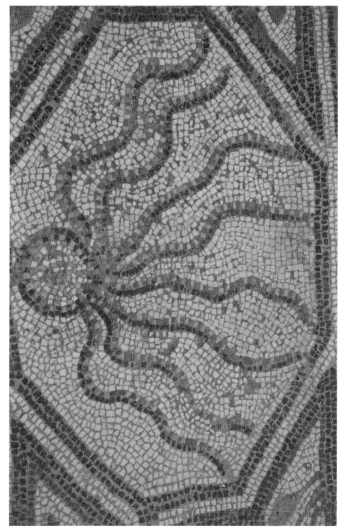

圖15　「章魚的觸鬚既用做腳又用做手：它用嘴上的兩個觸鬚把食物送到嘴裏；最後一個觸鬚非常突出，……章魚用它進行交配。」

是唐突的。他認為他們的觀點沒有經過認真地證明，因而不必認真地對待：「很明顯，沒有人——陳述論文的人和其他人都沒有——事實上處於那種條件下。因為當一個人認為應該走到邁加拉時，他為何就會行走到那裏而不是待在原地不動呢？為何他在早上不走到一口井裏或者一片懸崖上，如果周圍有那麼一口井或一片懸崖的話？」亞里士多德還問道：「他們是否對以下問題感到真正的困惑不解：物體的尺寸和顏色對於遠處的人和近處的人、健康的人和病人是否一樣？對於病人來說是重的或對於強壯的人來說是重的，是否就是真正地重？對醒着的人來說是事實或對睡着的人來說是事實，是否就是真正的事實？」

如果有人使我確信我們對世界一無所知，然後我又看見他在穿過馬路前小心地四下裏張望着，我就不會拿他的話當真。而且總的說來，令人懷疑的話可以用這種方法被表明是不嚴肅的。也許就是這樣，但是這與亞里士多德樂觀認識論所遇到的哲學問題沒甚麼關聯。懷疑論者的觀點可能很嚴肅，即使他本人不嚴肅。即使一個懷疑論者是個花花公子，他反對的理由也可能是一針見血的，並需要答覆。亞里士多德也許本該更認真地對待懷疑論——但他不得不把骨頭留給後來者去啃。

第十四章
亞里士多德的世界圖景

亞里士多德是個勤勞的收集者，收集了關於大量不同主題的海量的信息。他同時又是一個抽象的思想家，哲學思想非常寬泛。他智力活動的兩個方面在他的精神世界中不是隔開的。相反，亞里士多德的科學工作和他的哲學研究是一個統一的知識觀的兩個等分。亞里士多德是個卓越的科學家，又是一個深邃的哲學家，但是正是哲人科學家的身份使得他出類拔萃。按照一個古代格言的說法，他是「一個筆蘸思想之墨的自然抄寫員」。

他的主要哲學科學著作為《物理學》、《論生滅》、《論天》、《氣象學》、《論靈魂》、一本被稱做《自然諸短篇》的短篇哲學論文集、《動物結構》以及《動物的生殖》。這些著作都是科學著作，因為它們都是建立在經驗研究之上，並試圖對所觀察到的現象進行整理和解釋。它們同時又都是哲學著作，因為它們是自覺的思考、是沉思性的，具有系統的結構，試圖獲得事物的真理。

亞里士多德本人在《氣象學》開篇就表明了他作品的總體計劃。

我已經闡述了自然的基本因和所有的自然運動（在第十四章《物理學》裏），也探討了天體在天上的運行軌道（在《論天》中），總體討論了質料元素的數量和本質、相互的轉化以及它們的生滅（在《論生滅》中）。在這方面仍需研究的是以前的思想家所說的氣象學……討論完這些問題，我們就會明白是否可以沿着之前定下的線路概括而又詳細地對動物和植物進行描述；因為當我們做到這一點時，我們也許會完成一開始所制訂的計劃。

亞里士多德就現實的本質提出了一個明確的觀點。塵世間的基本元素或基本原料有四種：土、空氣、火和水。每一種元素都可由四大基本能力或特性來界定——潮濕、乾燥、冷和熱。（火，熱而乾；土，冷而乾……）這些基本元素每個都有自然的運動趨勢和自然的位置。火，如果順其自然的話，會向上運動，會在宇宙的最邊緣找到自己的位置；而土則會向下運動，到達宇宙的中心；空氣和水的位置界於前兩者之間。這些元素能夠相互作用並相互轉化。元素間的相互作用在《論生滅》中進行了討論；相互作用的間接形式——類似化學反應——可在《氣象學》第四卷裏找到相關的討論。

土傾向於向下運動，我們的地球自然就成了宇宙的中心。在地球和大氣之外是月亮、太陽、行星和恆

圖16　13世紀畫有亞里士多德基本元素的一幅畫：「塵世間的基本元素或基本原料有四種：土、空氣、火和水。每一種元素都可由四大基本能力或特性來界定——潮濕、乾燥、冷和熱。」

星。亞里士多德以地球為中心的天文學觀點，即天體都位於一系列的同心圓上，不是他自己的創造。他不是專業的天文學家，但可依靠同時代天文學家歐多克斯和卡利普斯的著作獲得觀點。專著《論天》主要關注的是抽象天文學。亞里士多德的主要論點是，物理世界在空間上是有限的，而在時間上則是無限的：宇宙是一個巨大但有邊界的球形體，無始無終地存在着。

在地球和月球之間有「半空」。《氣象學》研究這種半空，其拉丁語名 ta meteôra 可直譯為「懸在半空的事物」。這個短語原來指的是雲、雷電、雨、雪、霜、露水等諸如此類的現象——概括地說，指的就是天氣現象；不過，很容易將它擴展，進而包括應該歸類到天文學裏的事物(比如流星、彗星、銀河)或者應歸類到地理學裏的事物(比如江河、海洋、山等)。亞里士多德的《氣象學》中含有他自己對這些現象的解釋。該著作有很堅實的經驗基礎，又有強有力的理論指導。事實上，這種統一性很大程度上源自一個主導的理論概念——「蒸發」——的影響。亞里士多德認為，「蒸發」是土不斷地進行水份散發。有兩種蒸發：潮濕的或蒸汽的蒸發和乾燥的或冒煙的蒸發。它們的行為可以用統一的方式解釋發生在半空中的大多數現象。

在地球本身上，最顯著的研究對象是有生命的事物以及它們的結構。「就動物結構而言，有的結構是

不可分解的，即那些結構可分成成份完全一樣的幾份（比如，肉可分成成份完全一樣的幾塊肉）；其他則是可分解的，即可分成成份不一樣的幾份（比如，一隻手不能分成幾個相同成份的手；臉不能分成幾個相同成份的臉）……所有成份不一樣的結構都是由成份一樣的結構組合而成的，比如，手是由肉、肌腱和骨頭構成的。」但是，在無生命和有生命的事物之間沒有明顯的界限；而且儘管有生命的事物能夠以一種等級——一種重要性和複雜程度遞增的「自然之梯」——來劃分，等級的各個水平之間也不是截然分開的。在植物和最低等的動物之間就沒有明確的界限；並且從最低等的動物到位於梯級頂端的人類，存在連續不斷的進化關係。

這就是自然世界。而且永遠是這樣，在不斷變化中體現不變的規律。

循環運動，即天的運動，已經被認為……是永恆的，因為天以及由之所決定的運動是由於必然性而形成，並將由於必然性而存在下去。因為，繞圓圈運動的事物如果總是推動其他事物運動，那麼後者也必然作圓周運動——比如，上位天體在繞圓運動，太陽也在繞圓運動；於是，因為太陽的繞圓運動，便有了四季的輪迴更替；因為有了四季的輪迴更替，就有了受四季支配的事物。

那麼，這個世界是如何受到支配的呢？是神靈使之運行的嗎？從表面上看，亞里士多德是個傳統的多神論者；至少，在他的遺囑裏，他安排在斯塔吉拉城同時建宙斯和雅典娜的雕像。但是，這樣的儀式行為並不反映他的哲學理念：

> 我們的遠祖們以神話的形式把他們的痕跡流傳給後代，大致的意思是，這些（即天體）是神並且神構成自然的一切。但是，其餘通過神話形式增添的內容則或是為了教導俗眾，或是為法律的制定，或是為了權宜。因為他們說，神和人是同形同性，並且神相像於其他某些動物——其他事物都隨之發生並與之相類似；但是，如果你把他們說的話分開，只接受前半部分，即他們認為基本實在就是神，你就會認為他們說得極妙。

宙斯和雅典娜，奧林匹亞萬神殿的諸多與人同形同性的神靈都是神話；不過「我們的遠祖們」並非純粹迷信的傳播者。他們首先正確地或部分正確地看到，「基本實在」是神性的（「神對每個人來說都是因之一，是一種第一原則」），其次也看到應在天上尋找基本實在。

天體，亞里士多德經常稱其為「神聖的實體」，其成份是一種特殊的原料——第五種元素或「最高的

精髓」；因為「存在其他獨立於我們周圍實體的某種實體，它的本性更卓越，因為它遠離它下面的世界」。既然「那是在思考和使用其智力時最神聖的事物的功能」，作為神聖的天體就必然是有生命的、有智力的。因為儘管「我們傾向於把它們看做不過是實體——呈現出秩序但卻沒有生命的單元——我們必須假定它們具有行為能力、分享了生命……我們必然認為星星的行為就像動物和植物的行為一樣」。

在《物理學》第八卷裏，亞里士多德論證存在一種自身不變的變化之源——通常稱做「不動的原動力」。他認為如果宇宙裏存在變化，必然存在某種原始之因，把變化帶給他物而自身不發生變化。這種不動的原動力位於宇宙之外：「是必然存在還是必然不存在一種事物，它不發生變化，並且不管發生甚麼樣的變化都置身於外、不在其中？對宇宙萬物而言這一點也是必定正確的嗎？如果變化原理也包括在其中，這理所當然是很荒謬的。」這種外在的原動力「出於愛好而引發變化；而其他事物通過自身變化而引發其他變化」。同心運動的球形天體以及它們所攜帶的天體都是精髓，是神聖的；但是它們都是移動着的神。在它們之外，在宇宙之外的無形之物便是第一位的神，自身不變卻是所有變化的推動者。

我們如何解釋所有這一切？一些學者似乎按字面意義來理解亞里士多德的話，在他的著作裏發現到處

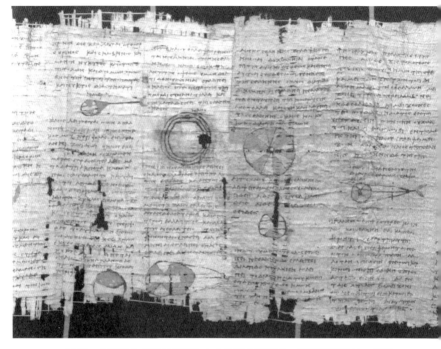

圖17 「亞里士多德以地球為中心的天文學觀點,即天體都位於一系列的同心圓上,不是他自己的創造。他不是專業的天文學家,但可依靠同時代天文學家歐多克斯和卡利普斯的著作獲得觀點。」圖為歐多克斯的著作《論天體》莎草紙版本(公元2世紀)的一部分。

都有活着的神——他因此變成一個徹底的宗教科學家。其他學者則把亞里士多德使用的「神」和「神聖的」字眼看做一種說話方式：基本實在是神聖的僅僅是因為其他事物都依賴它們——亞里士多德又成了一位十足的世俗思想家。

這兩個觀點都不可信。在他的專題論著裏出現那麼多關於神的內容，我們無法忽視亞里士多德所作的神學闡述，把它們看做偽善的文字遊戲。而另一方面，亞里士多德所說的神又是非常抽象、遙遠而非人格化的，不能被視為宗教崇拜的對象。相反，我們也許可以把亞里士多德關於宇宙神性的論述與自然及其行為在他心中所引起的驚嘆聯繫起來。「正是因為驚嘆，人類才會着手研究哲學，從最初開始直到現在」；而且這種研究如果開展適當，不會降低研究之初的羨慕之情。亞里士多德對他周圍世界的價值和卓越之處懷有深深的敬意：

> 自然界以何種方式包含有好的和最好的——是作為單獨、獨立的事物，還是按照自己井然有序的方式？確切地說，就像部隊那樣，是同時以兩種方式。因為一支部隊的優秀之處既在於它的井然有序，又在於它的統帥，尤其是後者。因為不是他依賴井然有序，而是井然有序有賴於他。所有的事物——魚、鳥和植物——都有某種方式被納

入秩序，不過方式不盡相同；說一物與另一物之間沒有聯繫是不切實際的——它們之間有關聯。

第十五章
心理學

　　自然界中的一個重要特徵存在於這樣的事實：一些自然實在是有生命的，其他的則沒有生命。前者區別於後者之處在於，前者擁有希臘語所說的 psuchê。psuchê 一詞（「心理學」和其他相關詞彙就由它而來）通常被翻譯成「靈魂」，而且亞里士多德的確把高級動物所具有的特徵，即後來的思想家將其與靈魂相聯繫的特徵，放在 psuchê 標題下闡述。但是「靈魂」是個讓人誤解的翻譯。所有有生命的事物——不僅人類和神，對蝦和三色紫羅蘭——都有 psuchê，這一點不言而喻；但是要說對蝦有靈魂就顯得很古怪了，把靈魂放在三色紫羅蘭身上就更古怪了。既然 psuchê 表示「使一個有生命的事物變得有生氣或賦之以生命的事物」，也許可以用 "animator"（生氣給予者）這個詞（儘管它會讓人想到迪斯尼樂園）。（我總的來說會保留傳統的「靈魂」譯法，但也會偶爾使用「生氣給予者」。）

　　靈魂或生氣給予者存在不同的複雜程度。

一些事物擁有靈魂的所有能力，其他的擁有其中的一些，還有的只擁有其中的一種能力。我們所提到的能力包括獲得營養的能力、感知能力、慾望能力、變化地點的能力、思維能力。植物只擁有獲得營養的能力。其他事物既有獲得營養的能力，又具有感知的能力。並且，如果有了感知能力，就會有慾望能力。因為慾望能力包括慾望、愛好和希望；所有動物都至少有一種官能，即觸覺；所有具有感知的事物也都會體驗快樂和痛苦，高興的事和痛苦的事；所有體驗這些情感的事物同樣會有慾望（因為慾望就是獲取快樂的慾望）……此外，一些事物還有方位移動的能力；其他的還擁有思維和智力活動的能力。

在亞里士多德看來，思維需要想像力並由此需要感知力；因此，任何能思維的生物必然能夠感知。感知力從未獨立於生命的第一本能，即獲取營養和繁衍的能力而存在。因此，各種各樣的能力或者說靈魂的不同官能形成了一個等級體系。

甚麼是靈魂或者生氣給予者呢？有生命的生物如何獲得靈魂呢？

在專題論著《論靈魂》裏，亞里士多德概要地描述了甚麼是靈魂或者生氣給予者。他首先聲稱，「如果我們要陳述每類靈魂都共有的東西，那將是，靈魂

是一個有器官的自然實體的第一種實現」。他後來又說，這樣的敘述不是很明晰，於是作為改進他提出，「靈魂就是前文所說的能力(power)的行為準則，並由它們，即營養能力、感知能力、思維能力、運動能力來界定」。亞里士多德本人建議我們不要花太多的時間在這些概括上，而要集中精力研究靈魂的不同官能。

不過，這些概括有其重要性。亞里士多德對靈魂的第一個概括可以這樣表述：一個事物如果有靈魂，它就是一個事實上具有官能的自然有機體。第二個概括解釋的是這些官能是甚麼。因此，亞里士多德的靈魂不是有生命事物的部件，也不是塞進物質實體裏的一些精神原料；相反，它們是許多組能力，許多組性能或官能。擁有靈魂類似於擁有一項技能。一個木匠的技能不是他身體的組成結構，負責他的技術行為；類似地，一個有生命的生物體的生氣給予者或者說靈魂，也不是負責其生命活動的結構組成部分。

這樣的靈魂觀讓亞里士多德很快得出了一些結論。首先，「人不應問靈魂和實體是不是合一的，正如不應該問一片石蠟與其形狀是否合一，或者概括地問構成事物的物質和物質的屬性是否合一」。不存在靈魂和實體的「統一」問題，也不存在靈魂和實體相互作用的問題。之後的笛卡兒(Descartes)疑惑不解的是，在世上像靈魂和實體這樣如此不同的兩個事物如何能共存、共事

呢？對亞里士多德來說，就不存在這樣的疑問。

第二，「靈魂——或者靈魂的組成部分，如果它是可分的——不獨立於實體而存在，這一點很清楚」。填塞物不會獨立於它所填塞的事物而存在。靈魂就是各種填塞物。因此，靈魂不會獨立於實體而存在，正如技術也不會獨立於有技術的人而存在。柏拉圖曾經認為靈魂在人出生前就存在，並在它們賦予生命的實體死後還存在着。亞里士多德認為這是不可能的事。靈魂不是那種能獨立存在的事物。我的技能、我的性情或者我的性格怎麼會在我死後還存在呢？

亞里士多德對靈魂本質的一般看法，在他對不同生命官能的詳細敍述裏得到了闡釋，這些官能包括獲取營養能力、生殖繁衍能力、感知能力、運動能力、思維能力。這些官能是實體的官能，因而亞里士多德的心理學研究好像沒有改變主題就產生了生物學轉向。因此，舉個例子來說，想像就被描述成「通過感知行為而進行的一種運動」；一種感知行為就是一種生理變化，並可產生進一步的生理變化，於是就構成了想像。一些人也許會提出反對，説亞里士多德忽視了想像的心理學方面而只關心其生理學表象。不過，亞里士多德認為心理學簡直就是生理學，靈魂和它的組成部分就是身體的能力。

關於生氣賦予的這種生物學觀點在《論靈魂》和《自然諸短篇》論文集中貫穿始終。在《動物的生

殖》中，亞里士多德追問靈魂或生氣給予者來自何處：生物的生命是如何開始的？柏拉圖所接受的一個流行觀點是，生命在靈魂進入實體後就開始了。亞里士多德評論道：「很顯然，這些本能的實現是物質行為，它們不能脫離實體而存在——比如，行走就不能離開腳；因此，它們不是來自外部——因為它們不能獨自進入實體（它們是不可分離的），也不在某些實體中存在（因為精液是處於變化中的食物的殘餘物）。」這種「本能」或者說靈魂的能力是物質本能——賦予生氣就是給一個實體賦予某些能力。因此，設想這些能力能在任何實體之外存在是荒謬的，就像說可以離開腿走路一樣荒謬。靈魂不會從外部飄進胚胎之中。（原則上，它可以進入「某個實體」，也就是說，進入精液之中；但是，事實上，精液並不適於攜帶或傳遞這些能力。）

亞里士多德對獲取營養能力、生殖能力、感知能力、慾望能力和運動能力的敘述都始終如一地採取生物學的視角。但是，當他轉向最高級的心理官能——思維能力時，這種一致性受到了威脅。在《動物的生殖》中，在引用的句子後面，他緊接着說，「因此，只有思維來自外部，而且只有思維是神聖的；因為物質行為的實現與思維的實現沒有任何關聯」。思維似乎可以獨立於實體而存在。專題論著《論靈魂》談到思維時很謹慎，暗示思維也許可以與實體分開。在他

所寫的最令人費解的一段話中，亞里士多德區分了兩種思維(後來被稱為「積極的思維能力」和「消極的思維能力」)。就第一種思維能力，他說，「這種思維能力是可分離的、無動於衷的、非混合的，實質上是一種現實……並且在與實體分離後，它還是原來的樣子，它本身是不朽的、永恆的」。

思維的這種特殊地位有賴於一種觀點，即思維不涉及任何物質活動。但是，亞里士多德如何才能證明這樣的觀點正確呢？他對靈魂的概括描述表明思維是「自然有機體」所做的事情，並且他對思維本質的特定分析認為思維要依賴想像力，因此要依賴感知。即使思維本身不是物質活動，它也需要其他物質活動來進行。

亞里士多德對思維的處理一方面就其本身來說令人費解，另一方面又很難與他心理學研究的其他部分相一致。但是，這一事實和他生理學研究中的許多錯誤、不準確之處都不應該削弱他的著作對心理學的指引作用：他的著作敏銳地洞察了靈魂或生氣給予者的本質，而且一直採用科學的方法去回答心理學問題。

第十六章
證據與理論

　　亞里士多德對世界的概括描述整個被推翻了。他的大部分解釋現在看來是錯誤的。他使用的許多概念顯得很粗糙、很不充分。他的一些思想似乎很荒謬。亞里士多德失敗的主要原因很簡單：在16、17世紀，科學家們使用定量研究方法來研究非生命世界，化學和物理逐漸起了主導作用。這兩門學科似乎在某種程度上具有生物學所沒有的基礎性地位：他們研究的東西與生物學一樣，但卻從更嚴密的、數學的角度來研究——沒有得到物理學和化學支持的生物學被認為是缺乏根據的。亞里士多德的物理學和化學與最近的科學家的著作相比是極不充分的。基於新科學之上的一個新「世界圖景」取代了亞里士多德的觀點；如果亞里士多德的生物學多存在一個世紀，它的存在只能像脫離軀幹的一個肢體、巨大雕像的一塊碎片一樣。

　　亞里士多德為何沒能創立一門像樣的化學或一門合格的物理學呢？他的失敗很大程度上要歸咎於當時概念的匱乏。他當時沒有我們現在所說的質量、作用力、速度(velocity)、溫度，因此他缺少物理學中最

有力的一些概念工具。在一些情況下，他擁有的是一種粗糙而原始的概念形式——他知道甚麼是速度（speed），並能夠稱量物體。但是，他的速度概念在某種程度上是非定量性的；他沒有測量速度，也不知道公里/每小時這樣的概念。或者，再比如說溫度。熱是亞里士多德科學中的一個核心概念。熱和冷是四大基本性能中的兩個，而且熱對動物的生命是至關重要的。亞里士多德的前人就甚麼樣的物體是熱的、甚麼樣的物體是冷的存在分歧。亞里士多德評論說，「如果在熱和冷上存在這麼多爭論，我們剩下的還有甚麼必須思考呢？——因為這些是我們所感知到的最明顯的事物」。他懷疑爭論的存在是「因為『更熱』一詞有幾種不同用法」，於是他對我們在判斷事物熱度時所採用的不同標準進行了長篇的分析。分析很細致，但在我們看來卻有明顯的缺陷：它沒有提到測量。對亞里士多德來說，熱是一個度的問題，但卻不是一個可測量的度。在這種程度上說，他缺乏溫度概念。

概念的匱乏與技術的貧乏密切相關。亞里士多德沒有精確的時鐘，根本就沒有甚麼溫度計。測量裝置是要和定量概念儀器一起配合使用的。沒有後者，單憑前者測量是難以想像的；但沒有前者，後者也毫無用處。亞里士多德缺少了一樣，也就等於兩樣都缺少。在前面一章裏我曾提出，亞里士多德的動物學研究不受他的非定量研究方法的影響。自然科學的情況

就不同了：沒有實驗設備的化學和沒有數學的物理學就是糟糕的化學、糟糕的物理學。

指責亞里士多德概念的匱乏是很荒謬的：匱乏是一種缺少，不是一種失敗。但是許多研究亞里士多德的學者傾向於把方法上和實質上的兩項重要失敗歸咎於他本人。據稱，首先一點是，亞里士多德經常讓論據屈服於理論，即他總是由理論開始，然後曲解論據來適應理論；第二點是，他的自然科學著作裏到處可見他孩子般的決心，說要尋找自然界裏的各種計劃和意圖。我們先看一下方法論上的指責。請看下面一段話：

> 我們可以說植物屬於土、生活在水中的動物屬於水、陸地的動物屬於空氣……在這些區域裏一定找不到屬於第四種元素的生物；不過應該存在與火的狀態相一致的物種——因為這被看做第四類實體。……但是這樣的物種必須到月亮上才能找到；因為那很明顯地具有第四種間距——不過那是另一個專題論著要討論的問題了。

這段文字節選自關於某些生成問題而展開的一段複雜而有見地的討論。把它看做一個玩笑會是很寬容的態度；但那一點也不是玩笑：亞里士多德使自己確信，存在着與他的四大元素中三種元素相對應的各種

物種；他推理説，必然存在與第四種元素相對應的物種；由於不能在地球上找到這樣的物種，他就認定它們是在月球上。有比這更荒謬的嗎？有比這更不科學的嗎？

是的，這段文字很荒謬，並且其他地方還有一兩段這樣的文字。但是所有的科學家都可能會有極端愚蠢的言行：在亞里士多德著作裏這樣愚蠢的段落極少，明智的讀者不會太在意這些。相反，他會找到很多更能代表亞里士多德思想的段落。比如，在談論天體運動時，亞里士多德寫道：

> 至於有多少，我們現在就採用一些數學家所説的數字吧，為的是對這個問題有所了解，這樣，我們的頭腦就會掌握住某些確定的數字。至於未來，我們必須親自探究，與其他研究者一起討論這個問題；如果研究這些問題的人與剛才所提到的人觀點不一樣，雙方的觀點我們都得歡迎，不過要聽從那個更準確的觀點。

此外他還説，「如果根據論點、同時也根據與之相關的論據進行判斷，蜜蜂的生殖情況就是這樣。但是我們還沒有獲得足夠的論據：如果獲得了足夠的論據，我們這時必然要依靠感知而非論點——依靠論點的唯一條件是它們所證明的內容與現象一致」。亞里

士多德對蜜蜂的生殖情況進行了詳細而周到地描述。這種描述主要基於觀察之上；但也有推測的成份，在某種程度上依靠理論進行推測。亞里士多德明確地承認自己描述中的推測部分，並且明確地認為推測應屈從於觀察。當已知的事實論據不足的時候理論就必不可少了；但觀察永遠優先於理論推測。

亞里士多德在其他地方更為概括地論述了這一點：「我們必須首先了解動物間的差異，掌握關於它們的所有事實論據。之後，我們必須努力尋找其中的原因。因為一旦關於每一種動物的研究進行完畢，那就是程序所要求的自然方法；因為那樣做了，我們進行的證明所涉及的主題和所依賴的原則就會變得很明確了。」此外他還論述道：

經驗科學必須把原理傳遞下去——我的意思是，比如說經驗天文學必須提供天文學的那些觀測原理；因為當充分理解現象時，天文學證據就找到了。不管其他文科的還是理科的科學都與之類似。因此，如果在每個研究案例中理解了事實，那麼我們的任務就是提供現成的證據。因為如果研究個案的所有真實數據都沒有遺漏，我們就能發現每個存在證據的事物的證據，並能建立證據——弄清楚在甚麼樣的條件下不可能存在證據。

圖18 「如果根據論點、同時也根據與之相關的論據進行判斷，蜜蜂的生殖情況就是這樣。但是我們還沒有獲得足夠的論據……」

亞里士多德經常批評前人把理論置於事實之前。因此，他對柏拉圖及其學派這樣批評道：

在談到現象時，他們主張那些與現象不一致的事物……他們如此地熱衷於他們的原始原理，以至於他們表現得就像論文答辯中的那些答辯人；因為他們接受任何推理結果，認為他們佔有真正的原理——似乎原理不應由他們的推理結果來判斷，尤其不能由其目標來判定。在生產性科學中，目標就是產量；但是在自然科學中，目標就是任何可感知的事物。

沒有比這再清楚不過的了。經驗研究先於理論。事實依據要在探求原因之前收集。一個公理化演繹科學的構建（即生成證據），取決於「某個研究個案的所有真實數據」的獲得。當然，亞里士多德從未掌握所有的事實；他常常在自己得到的是謬誤的時候以為自己獲得的是事實依據；他有時突然間就進入了理論推導狀態。而且，理論應在某種程度上控制着事實數據的收集：雜亂無章的數據收集是一種非科學行為；這也許就是古代和現代的一些哲學家們所說的意思，即不存在不受理論侵蝕的純事實。不過，儘管如此，有兩點是非常清晰的：亞里士多德看得很清楚，觀察是

第一位的；他關於科學的主題論著——尤其是生物學著作——常常秉持這一觀點。

在下一章裏，我將討論對亞里士多德的另一指責，即他天真地把自然界當做實現計劃和意圖的舞台。

第十七章
目的論

我們知道與自然生殖有關的因不止一種——即為了某物的因和變化原理的動因。因此，我們必須確定這兩個因孰先孰後。看起來優先的似乎是我們所稱的「為了某事的因」；因為這是某事的理由，這種理由既是生產技能性產品的動因，又是自然產物的動因。因為，要麼通過思維，要麼通過感知，醫生確定病人的健康，建築工確定一所房屋的結構；然後他們就自己所做的每件事給出理由和原因，並解釋他們為何這樣做。為了某事的因或者說為了某種好處，在自然界的行為中要比人工技能的創造中更為普遍。

這裏引用的是《動物結構》的開頭一章，亞里士多德在這裏宣佈了他的自然目的論觀點。自然界行為中的終極因不少於人類技能的創造行為中的終極因，為了解釋自然現象我們必然要求助於「為了某事的因」。使用終極因進行的解釋就是用「為了某種好處」進行的解釋；因為如果鴨子長有帶蹼的腳是為了

游泳，那麼長有帶蹼的腳就是好的，即對鴨子有好處。終極因是第一位的，因為它們被認為是「（做）某事的理由」：能夠游泳是一隻鴨子本質特徵的一部分，那麼要恰當描述成為一隻鴨子有哪些特徵，就得提到游泳。終極因不是出於理論考慮而強加給自然界的，它們是在自然界裏所觀察到的：「我們看到不止一種類型的因。」〔「目的論」這個詞來源於希臘單詞telos，這就是亞里士多德用來指「目的」(goal)的詞：目的論解釋就是應用目的或終極因進行的解釋。〕

亞里士多德在他的生物學著作裏不斷地尋求終極因。為何牙齒與動物結構的其他堅硬部分不一樣，一直在不斷地生長？

> 它們生長的原因，從「為了某物的因」意義上來講，在於它們的功能。因為如果它們不生長的話就會很快地被磨掉——在某些年老的動物身上可以看到這一點，它們食量很大，牙齒卻很小，牙齒被完全磨掉了，因為牙齒磨的速度比長的速度快。這也是自然界為何進行一種極為巧妙的設計以適應這種情況的原因所在；因為它使得牙齒的喪失與衰老和死亡相吻合。如果生命能延續一千年或一萬年，那麼牙齒一開始就會很巨大，而且經常地在長；因為即使牙齒在不斷地長，它們仍然會被磨掉而不能咀嚼食物。關於牙齒為何生長的原因就說這麼多。

還有，人類為何有雙手？

阿那克薩哥拉(Anaxagoras)*認為人類在動物中最聰明的原因在於他們有雙手；但是較為合理的說法應該是，他們擁有雙手是因為他們是最聰明的。因為手是工具；自然，像個智者，總是把每樣東西賦予能夠利用它的事物(比如把一支長笛給一個實際上已經會吹笛子的人要比為一個擁有笛子的人提供吹笛子的技能更好)；因為自然給更偉大、更優越的事物提供的是它們能力範圍之內的事物，而不是反過來。因此，如果說這樣更好，如果大自然在各種情況下都往最好處去做，那麼人類就不是因為有了雙手而最聰明，而是因為他們是動物中最聰明的才有了雙手。

終極因經常與「必然性」形成對照，尤其是與動物的物質本性或動物結構所造成的限制形成對照。但是即使在運用必然性解釋現象的地方，仍然有使用終極因進行解釋的餘地。為何水鳥長有帶蹼的腳呢？

因為這些原因，它們長有帶蹼的腳是必然的；因為某種更好的東西，它們為了生存而長這樣的

---

* 古希臘哲學家，對日食作過正確解釋並相信物質由原子組成。——譯注

目的論　·147·

腳，由於生活在水裏翅膀是毫無用處的，它們也許就長出對游泳有用的腳來。因為它們就像槳手所拿的槳、魚所長的鰭那樣可以划水；因此，如果魚的鰭被破壞了或者水鳥的腳蹼沒了，那麼它們就再也不會游泳了。

亞里士多德的目的論有時可用一句口號來概括：「大自然不會徒勞地做任何事情」；他本人也常常用格言來表述這個意思。但是，儘管亞里士多德認為終極因遍及自然界，實際上不是每個地方都有終極因。「肝臟中的膽汁是一種殘留物，沒有甚麼用途——就像胃和腸道裏的沉澱物一樣。大自然有時甚至把殘留物用於某些有利的目的；但是那不是在所有情形中尋求終極因的理由。」《動物的生殖》第五卷討論的都是這類無目的性的動物結構。

自然行為和自然結構通常都有終極因；因為大自然不會徒勞地做任何事情。但是終極因受到必然性的限制：自然「在各種情況下」往最好處去做。而且，有時完全找不到終極因的存在。

《物理學》包括了許多支持自然目的論的論證。其中的一些論證依靠的是很有亞里士多德特色的概念——「技藝模仿自然」或者說「技藝是對自然的模仿物」：如果我們能在人工技術的產品中看到終極因，那麼我們更能在自然界所造的事物中發現這些終

極因。另一個觀點進一步論證了《動物結構》裏的這個主張——「我們看到」自然界中的終極因。

> 在其他動物中也非常顯然，這些動物行動起來既不靠技能，也不經過研究或深思熟慮（因此有些人想知道蜘蛛、螞蟻等動物是否靠推理或其他的智力活動來完成工作）。如果你這樣一點一點研究，就會很顯然地發現在植物中也存在有利於實現目標的現象——比如，植物的葉子是為了遮擋果實。所以，如果燕子築巢、蜘蛛織網都是出於天性並為了某種原因，如果植物是為了果實而長葉子、為了吸取營養而向下而不是向上扎根，那麼很顯然，在這些自然生成並存在的事物中存在很多這種類型的因。

我們「看到」自然界裏的各種終極因了嗎？我們究竟應該看甚麼呢？「為了」和「為的是」短語似乎主要用於解釋有意識的介質的目的性行為。那麼，亞里士多德是在把介質性和目的性都賦予自然現象嗎？他沒有把目的性賦予動物和植物，也沒有假定它們行為的終極因就是它們自己的企圖。鴨子沒有計劃要長出帶蹼的腳，植物也沒有設計它們的葉子的功用。亞里士多德的目的論不是幼稚地把目的性賦予植物。那麼，是否亞里士多德沒有把目的性賦予自然生物但卻

賦予大自然了？在好幾個段落裏，亞里士多德都把自然看做自然界的能工巧匠；在這些段落裏，我們傾向於把他說首字母大寫的自然（Nature）。比如這句話：「就像一個好管家，自然沒有浪費任何可以派上好用場的東西。」對這樣的段落不能輕描淡寫地加以拒絕。但是，自然這一能工巧匠不可能完全是亞里士多德目的論中的自然；因為在生物學著作裏進行詳細的目的論解釋時，他極少提到大自然的計劃或一個偉大設計者的意圖。

如果我們不用有意圖的計劃來解釋亞里士多德的目的論，那麼又如何來解釋它呢？來看一看下面一段話：

> 蛇在交配時相互交織地黏在一起；而且據我觀察，它們沒有睾丸和陰莖——沒有陰莖是因為它們沒有腿，沒有睾丸……是因為它們身體的長度。因為它們的身體自然就很長，如果在睾丸所在的地方再有延擱，精子就會因為行程耗時而變冷。（陰莖長的人也是這樣：他們的生育能力就不如那些陰莖長度適中的人，因為冷的精液繁殖力低，而經過長途輸送的精液就會變冷。）

如果蛇的精液必須在繞身體一周後再蜿蜒而行通過一對睾丸，它就會變冷、繁殖力降低——這就是蛇為甚麼沒有睾丸的原因。（它們沒有陰莖是因為陰莖自

然地要位於兩腿之間，而蛇沒有腿。）為了成功地生育，蛇必須沒有睪丸：如果不生育它們就不會生存繁衍，如果有了睪丸它們就不能生育。這就解釋了蛇沒有睪丸的原因。這種解釋在內容上是異想天開的，但也是受人尊敬的那種解釋。

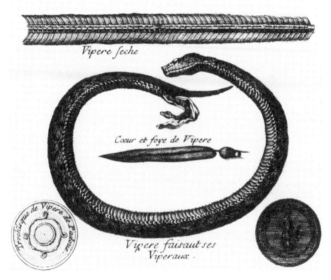

De la Vipere.

Vipere seche

Coeur et foye de Vipere

Trochisque de Vipere de Poatoue

Vipere faisaut ses
Viperaux.

圖19　「蛇在交配時相互交織地黏在一起；而且據我觀察，它們沒有睪丸和陰莖——沒有陰莖是因為它們沒有腿，沒有睪丸……是因為它們身體的長度。」

總的說來，動物和植物的多數結構特徵和行為特徵都有某種功能。換言之，它們是用於執行一些對該生物來說至關重要的或至少是有用的生理活動：如果

該生物不進行這樣的生理活動，它就不能生存下去或者說生存很困難。要尋求對動物生命的了解，我們必須掌握與該動物結構和行為有關的各種功能。如果你僅知道鴨子有帶蹼的腳並知道它們會游泳，你還沒有完全認識它們：你還要明白一點，腳蹼有助於游泳，並且游泳是鴨子生命的一個基本組成部分。

亞里士多德對此的表述是，「鴨子為何有帶蹼的腳？」這一問題的一個答案是「為了游泳」。他的「為了……」聽起來有點古怪，原因只在於我們首先把「為了」與意圖性行為聯繫在一起了。亞里士多德把它首先與功能相聯繫，並且從本質上來看待功能。他無疑是正確的。自然界事物確實包含功能性結構，並表現出功能性行為；沒有意識到這類功能的科學家也就忽略了他所研究的大部分內容。

「大自然不會徒勞地做任何事情」是科學研究的規定性原則。亞里士多德知道，大自然的某些方面是沒有功能可言的。但是他承認，看清功能對理解自然非常關鍵。他關於自然之籌劃性的格言不是天真的迷信，而是對自然科學家中心任務的提醒。

第十八章
實踐哲學

前面幾章都是關於理論學科的。亞里士多德本人把大部分時間都花在這個龐大的知識分支上，但他並沒有忽視實踐學科。事實上，在他最有名的專題論著中，《政治學》和《尼各馬可倫理學》都屬於實踐哲學分支。這些著作不是手冊、指南那種意義上的實踐指導。相反，書中充滿了分析和論證，並且它們都建立在大量的歷史和科學研究之上。它們都是實踐哲學著作，說它們是實踐哲學是因為它們的目的或目標不僅僅是傳播真理，而且還要影響行動：「本專題論文不像其他論文那樣為了理解而進行研究——我們現在進行的研究不是為了認識何為善，而是為了變成一個好人。」亞里士多德寫了兩部倫理學：《尼各馬可倫理學》和《歐德謨倫理學》。「倫理學」這一標題容易引起誤解，亞里士多德實踐哲學中兩個關鍵術語被翻譯成標準英語時也容易讓人產生誤解——"aretê"通常被翻譯成「美德」，"eudaimonia"則常被翻譯成「幸福」。有必要對這些詞簡單地說一說。

亞里上多德本人用"êthika"做這些專題論著的標

題，這個希臘語單詞被音譯成英語「倫理學」，於是我們就有了「倫理學」的標題。但是，這個希臘語單詞實際的意思是「與性格有關的問題」，更好的標題翻譯應為「論性格問題」。至於"aretê"，該詞的意思近似「優良」或「優點」：亞里士多德能用該詞談論一個人，也可談論一個論點或一把斧頭。談論人時就表示人的優點：它表示使一個人成為好人的東西；它與我們所說的美德只有一種間接的聯繫。最後一點，"eudaimonia"不是英語單詞「幸福」所表示的那種精神愉快狀態，而是指興旺、成功地生活，因此，eudaimonia 和幸福之間的聯繫又是間接的。

那麼，亞里士多德的「倫理」哲學又是甚麼呢？「毫無疑問，說 eudaimonia 是最好的不會有爭議，但是我們需要更清楚地表明它到底是甚麼。」我們每個人都想興旺發達或都想表現良好，我們所有的行為，只要是合理的，都指向那個終極目標。於是，實踐哲學的基本問題就可以這樣表述：我們如何取得eudaimonia？興旺發達表現在哪些方面？怎樣才算一個成功的人？亞里士多德不是在問甚麼能使我們幸福，他也不關注我們應該如何生活這樣的問題——如果該問題被視為道德問題。他想指導我們如何在生活中獲得成功。

他的答案建立在對 eudaimonia 本質的哲學分析上。他聲稱，eudaimonia 是「與優秀相一致的一種心

靈活動」。說 eudaimonia 是一種「活動」就等於說興旺發達包含做事情的意思，而不是指某種靜止狀態。（幸福狀態——比如在愛戀中——是一種思想狀態：興旺發達不是一種狀態，而是一種活動或者一組活動。）說 eudaimonia 關乎靈魂或者生氣給予者，就等於說人的興旺發達要求運用某些天賦，正是這些天賦標示了生命；尤其不能說一個人作為一個人的狀態而興旺發達，除非他明顯地在運用人的天賦。最後一點，eudaimonia 是一種「與優秀相一致」的活動。興旺發達就是把某些事情做得很出色、很好。一個人運用了他的天賦，但沒有有效地運用或用得很糟糕，就不能算取得了成功。

那麼，為取得成功而在行動時要做到的優秀又指的是甚麼呢？亞里士多德區分了性格上的優秀和智力上的優秀。前者既包括我們所說的道德優點——勇氣、慷慨、公正等，又包括適當的自尊、適度的誇耀和風趣幽默等性情。後者包括諸如知識、良好的判斷力、「實踐性智慧」等。此外，亞里士多德還花了一些時間討論友誼的準優秀品質。

人區別於動物在於他擁有理性和思維的能力。人身上「包含有神聖的東西——我們稱之為智力的東西是神聖的」，並且我們的智力是「內在於我們的神聖的東西」。事實上，「我們每個人都是有智力的人，因為這是我們至高無上的、最好的元素」。因此，最

切合人的優秀就是智力上的優秀，而且 eudaimonia 主要存在於與這些優秀相一致的活動中——它是智力活動的一種形式。「因此，對自然善——比如身體健康、財富、朋友或其他善——的任何選擇或擁有，只要能最佳地引發神靈般的思考(也就是說，用我們的智力，內在於我們的神進行思考)，就是最好的，就是最完美的標準；而任何不管是因為不足還是過剩、阻礙我們體內神的培養或阻礙我們思考的選擇或擁有，就是不好的。」要興旺發達，要取得成功，就需要進行智力上的追求。亞里士多德認為這樣的追求給人以無限的樂趣，智力生活給人提供了無與倫比的幸福；不過，他在《倫理學》中的主要論點不是幸福存在於智力活動，而是卓越的智力活動構成了人的成功或興旺發達。歷史上的智慧大師們也許不是幸福的人，但他們卻都是成功的人：他們都興旺發達，並達到了 eudaimonia。

光有智力活動還是不夠的。人類不是一個個孤立的個體，人類的優點不能由遁世者來踐行。亞里士多德認為，「人從本質上來說是政治動物」。這樣的評論不是因果關係的格言，而是生物學理論的一部分。「政治動物是指整個群體中的所有個體會共同參與某種活動的動物(這對所有群居動物而言並非都正確)；這樣的動物包括人類、蜜蜂、黃蜂、螞蟻、鶴。」「與其他動物相比，人的特別之處在於他們能單獨地

認識到好與壞、公正與不公正，等等——並且，正是在這些方面進行合作才能建立家庭和國家。」社會和國家不是強加到自然人身上的人工裝飾品：它們是人類本性的表現形式。

圖20　「人類不是一個個孤立的個體，人類的優點不能由遁世者來踐行。」《尼各馬可倫理學》花了很大篇幅討論友誼和友誼的類型——這幅中世紀的圖畫闡釋了友誼的類型。

社會以不同的形式出現。在亞里士多德的國家概念中第一點要強調的是國家的規模。「一個國家不可能只由十個人組成——並且由十萬人組成的也不是一個國家。」希臘城邦的歷史構成亞里士多德政治理論的現實背景，而希臘城邦大多數都是侏儒國家。它們常常受到派系鬥爭而分裂，它們的獨立最後隨着馬其頓帝國的崛起而毀滅。亞里士多德很熟悉派系鬥爭的禍害（《政治學》第五卷就對國內鬥爭的原因進行了分析），而且他與馬其頓宮廷的關係很密切；不過他從未放棄一個觀點，即小城邦是合適的——自然的——公民社會形式。

一個國家就是一個公民集合體；在亞里士多德看來，「沒有甚麼比承擔司法和政治職責更能界定」一個公民。一個國家的事務直接由它的公民來管理。每個公民都是這個國家的議會或協商機構的一員，他有資格擔當國家的不同職務，包括金融和軍事上的委任；他也是司法機構的一分子（因為在希臘法律實踐中，法官和陪審團的功能沒有區分開）。

一個公民的政治權力有多大，這要根據他所在國家的政體類型來確定，不同的政體授予不同的人或機構立法和確定公共政策的權力。亞里士多德對政體進行了複雜的分類，三大類型分別是君主制、貴族制和民主制。在某些情況下，他偏愛君主制：「當整個家庭或一個人非常出眾、他的優點超過其他所有人時，

這個家庭或這個人就應成為國王，對所有問題都有至高無上的權力。」但是，這樣的情況是極少的或者說是不存在的，因而在實踐中亞里士多德更喜歡民主制：「主張大眾而非少數精英進行統治的觀點……似乎是對的。儘管並非每個人都是精英，然而當他們合在一起就可能會做得更好——不是作為個體，而是集體行動；這就好比費用共攤的聚餐要比一個人掏腰包的宴請更好。」

一個國家，不管實行何種政體，都必須是自足的，並且必須達到國家為之而存在的目標或目的。

很明顯，國家不是為了避免相互傷害和促進貿易而建立的一個地區共享機構。一個國家要存在，這些是必然要具備的；但是即使這些條件都有了，一個國家也並非因此就建立了。相反，國家是擁有良善生活的家庭或家族為了一種完善而自足的生活所建立的共享機構。

「良善生活」是國家的目標，與作為個人目標的 eudaimonia 是一回事。國家是自然實體，像其他自然事物一樣具有目標或目的。目的論既是亞里士多德生物學的一個特徵，又是亞里士多德政治理論的一個特徵。

國家目標這個概念與另一個崇高的理念相關聯。「民主政體的一個根本原則就是自由。自由的一種形

式就是依次輪流進行統治和被統治。另一種形式就是過自己想要的生活；人們認為這就是自由的目標，因為不能像自己所希望的那樣生活是奴隸的標誌。」國內的自由要以和平的對外政策為補充；亞里士多德設想的國家，儘管為了國防而保有武裝，卻不會懷有帝國主義野心。但是當亞里士多德由這些一般性問題轉到具體的政治安排上時，這種慷慨的感情就被拋諸腦後或受到了抑制。

他對外交政策沒有甚麼發言權。（但是有必要注意的是，據說他曾建議亞歷山大大帝「像一個領導那樣對待希臘人，而對待其他外國人則像主人；像對待朋友和親戚那樣關心前者，對待後者則像對待動物或植物那樣」。）他對國內政策則有更大的發言權。而且同時很明顯的是，自由事實上將被嚴格地限制在亞里士多德所主張的國家裏。首先，自由是公民的特權，而大多數人口將不會擁有公民權。婦女不是公民。還有奴隸，也不是公民。在亞里士多德看來，一些人天生就是奴隸，因此可以把他們變成事實上的奴隸。「一些人，作為一個人來說，天生就不屬於自己，而是屬於他人，因而天生就是一個奴隸。如果作為一個人，他只是一項財產，那麼他就屬於別人——財產只是幫助主人做事情的工具，並可與主人分離開。」奴隸也許會過上好的生活——他們也許會遇到仁慈的主人。但是他們沒有自由、沒有權利。

公民可擁有奴隸，還可擁有其他形式的財產。亞里士多德最終是反對共產主義制度的。但是他的財產概念是有條件的：「很明顯，財產應該私有，這樣更好些——不過人們應當可以共同使用。」他又立刻補充道，「立法者有責任確保公民們都這樣做」。國家不擁有生產工具，也不會去指導經濟發展；但是立法機構要確保公民的經濟行為得到適當的控制。國家對經濟事務不加干涉，對社會事務則強力管制。在《政治學》最後一卷裏，亞里士多德開始描述他的烏托邦或者說他的理想國家。(《政治學》也許是亞里士多德的未完成之作：不管怎樣，對烏托邦的描述只是一個不完整的片段。)國家在人出生前就開始干預其生活了：「由於立法者必須從一開始就考慮該國所養育的孩子如何能獲得最佳的體格，他必須首先關注兩性的結合，確定甚麼時候在甚麼樣的人之間建立婚姻關係。」這樣的干預在懷孕期間一直持續着，在兒童時期，尤其是在教育方面這樣的干預逐漸加大：

立法者尤其必須忙於年輕一代的教育問題，無人會對此有異議……因為整個城邦只有一個目標，很明顯地，必須給每個人提供一樣的教育，對此事務的監督應該是公眾行為，而不是個別人的事……公共事務應由公眾來管理；我們不應認為每個公民都是屬於他自己，而應認為他們都屬於國家。

亞里士多德非常詳細地描述了國家應該控制公民生活的各種各樣的方法。儘管出發點是仁愛的，每一種控制卻都是對自由的一種削弱；在亞里士多德公民「都屬於國家」的主張裏，讀者可覺察到極權主義的最初聲音。如果說亞里士多德熱愛自由，他愛得不徹底。他的「國家」高度專制。哪兒出了問題？一些人也許懷疑亞里士多德在一開始就錯了。他非常自信地賦予國家一種非常積極的功能，設想國家的目標是促進良善生活。如果是這樣，不難想像的是，渴望改善人類生存條件的國家也許就會在人類生活的各個方面進行適度的干預，也許就會迫使國民做任何會使他們幸福的事情。那些把國家看做善的促進者的人最後倒成了壓制政策的提倡者。自由的熱愛者更傾向於給國家賦予一種消極功能，把國家看做一種防禦手段，保護國民不受惡之侵害。

第十九章
藝術觀

　　有人指責亞里士多德對於良善生活的理解是一種狹隘的知識觀：似乎荷馬(Homer)、菲迪亞斯(Phidias)[*]、倫布蘭特(Rembrandt)[**]和巴赫(Bach)不會被視為成功的典範或 eudaimonia 的例證。這樣的指責很可能是不公正的；因為《倫理學》中所提出的「沉思」理念是個很大的概念——大得也許足以包含一個藝術天才或文學天才的生活。儘管如此，亞里士多德實際上很羨慕這樣的天才：在他倖存的藝術論著中，每一頁都洋溢着這種羨慕之情。

　　《詩學》很短，而且只有一半倖存下來。它含有一篇論述語言和語言學的論文，《修辭學》第三卷中對文體風格的論述可看做對該論文的補充。《詩學》也論及情感問題，而在《修辭學》第二卷裏亞里士多德對之作了詳盡而細致地討論。但《詩學》的主要內容是評論家們所認為的文學理論或文學評論——尤其是關於悲劇的理論和評論。但那不是亞里士多德對其作品的確切看

---

[*]　菲迪亞斯(約前490–前430)，古希臘雕刻家。——譯注
[**]　倫布蘭特(1606–1669)，荷蘭畫家。——譯注

法;因為《詩學》是對「生產性」科學的一個貢獻。換言之,《詩學》的主要目的不是告訴我們如何評判一件藝術作品,而是如何生產出一件藝術作品。

圖21 這是一個希臘花瓶上的彩繪,展現的是一個主人和一個僕人出門旅行的戲劇場景。

亞里士多德認為，所有藝術都是表現或「模仿」的問題。「史詩、悲劇詩歌、喜劇、祭酒神讚歌以及大多數長笛和豎琴音樂，總體上都是模仿。」藝術模仿或表現人類的生活，尤其表現人類的行為。人的行為在特徵上各有不同，「正是這方面的差異才將悲劇和喜劇區分開來；因為喜劇被認為是模仿那些境況比當今的人更糟糕的人，悲劇則模仿那些境況比當今的人更好的人」。《詩學》大部分內容都致力於對悲劇的闡述。討論是由一個定義展開的。「悲劇是對嚴肅而完整的、並有重大意義的行為進行的一種模仿。其語言得到很好的趣味加工，不同的部分使用不同的加工方式。它是以戲劇而不是敘述的形式展開的。它通過同情和恐懼達到一種情感的淨化。」

　　在亞里士多德後來所區分的悲劇六要素，即情節、人物、語言、思想、表演場景、歌曲中，情節是最重要的：正是藉助於情節悲劇才是「完整的」或者是統一的；也正是通過情節，悲劇才會實現它的淨化功能。尤其是，「悲劇影響情感的主要手段就是情節的某些部分，即發現和逆轉」。情節圍繞着一個中心人物，也就是後來所說的「悲劇英雄」而展開，他必須是這樣一個人，「在優點和美德上並不是十分突出，也不是因為自己的惡劣和惡行，而是由於某些陰差陽錯陷入不幸——是個有很高聲譽和很好運氣的人，就像俄狄浦斯(Oedipus)或梯厄斯忒斯

(Thyestes)，或者出身這類家庭的名人」。悲劇的主角享有極大的成功(比如俄狄浦斯就成為底比斯國王)。他也犯下某種「錯誤」(俄狄浦斯不知情地殺死了父親，並娶了母親為妻)。這個錯誤被發現了，於是發生了「逆轉」(俄狄浦斯的母親自殺，他自己則自刺雙目，遭到放逐而離開底比斯)。通過有機的統一和暗含的普遍性，這個悲劇故事對觀眾的感情產生影響。

亞里士多德的悲劇觀點對後來的歐洲戲劇史產生過深遠的影響，但目光卻存在局限。他對悲劇的定義很難適用於莎士比亞的悲劇，更別說現代劇作家的作品了——現代作品的主角或非正統主角既沒有俄狄浦斯那樣的社會地位，也沒有他那樣的輝煌歷史。不過，亞里士多德並非想提出一個永遠都正確的悲劇理論。他只是在告訴那些在希臘的舞台傳統下工作的同代人，如何寫一個劇本。(他的建議建立在對希臘戲劇史進行的大量經驗研究之上。)此外，亞里士多德對悲劇的目標的理解也很古怪：悲劇永遠或作為一個規則要淨化觀眾的同情和恐懼嗎？如果是這樣，是否就可以認為這種情感淨化是悲劇的首要功能呢？(說到這一點的話，為何要假設悲劇有任何功能呢？)不管怎樣，如果悲劇有情感的一面，也就有審美和理性的一面。

亞里士多德沒有在他的悲劇定義裏突出這些方面，但他是知道的。事實上，《詩學》的很多內容都隱約地討論了審美的問題，因為他討論了「經過趣味

加工的語言」和悲劇所要求的節奏。關於藝術的理性方面，亞里士多德是這樣說的：

> 每個人都喜歡模仿。實際生活中發生的情形表明了這一點，因為我們喜歡觀察某些事物之間準確的相像之處——單就這些事物本身來說很難看出——比如最污穢的動物和屍體的形式。箇中原因在於，學習不僅對哲學家來說是最快樂的事，而且對其他人來說也是如此，即使他們只是短暫地享受這種快樂。這就是我們為何喜歡尋求相似點的原因——我們在看的時候意識到、推斷到每個事物是甚麼，並說「這就是他」。

學習的樂趣是生產性學科的一個重要因素。沉思或認識的完成是 eudaimonia 的首要組成部分，eudaimonia 則是實踐學科的目標。真理和知識是理論學科的直接目標。對知識的渴望——亞里士多德認為這是每個人本性的一部分，也是他自己個性的主要方面——影響着亞里士多德哲學的三大組成部分，並使之成為一體。

第二十章
死後的影響

在亞里士多德死後，他的朋友和學生泰奧弗拉斯多繼承了他的衣缽；在後者的帶領下，呂克昂依然是科學和哲學研究的一個中心。但到了公元前3世紀，亞里士多德學派逐漸暗淡下來。其他思想流派——斯多葛學派、伊壁鳩魯學派、懷疑論學派——主導了哲學的舞台，各門學科也都脫離哲學而獨立發展，成為專門學者的研究領域。

不過，亞里士多德從未被人們忘記過，他的著作不止一次地復興。從公元1世紀到6世紀，一系列學術評論家保存其著作、重振其思想。對亞里士多德的再次關注是在公元8世紀的拜占庭城。後來，到了公元12世紀，亞里士多德著作傳到西歐，有學識的人得以閱讀，並將其翻譯成拉丁文，譯本得到廣泛傳播、廣泛閱讀。亞里士多德被權威地尊稱為「哲學家」。他的思想全面擴散開來，教會有意無意地想對其作品加以抑制，然而這種努力只不過鞏固了這些作品的權威地位。亞里士多德的哲學和亞里士多德的科學幾乎毫不動搖地統治西歐大約四個世紀。要敘述亞里士多德死

後的思想影響幾乎就等於要描述歐洲的思想史。部分地說，他的影響根本而直接：亞里士多德的許多學說和信念被作為既定真理來傳播；他的觀點或對觀點的思考在哲學家和科學家、歷史學家和神學家、詩人和劇作家的作品裏隨處可見。但這種影響還有更細微之處。亞里士多德思想的內容和結構都給後代留下深刻的印象。呂克昂里所使用的概念和術語提供了哲學和科學賴以發展的媒介，所以，即使那些決心反駁亞里士多德的激進思想家，最後也發現自己在用亞里士多德的語言進行反駁。當我們今天談論物質和形式、種和屬、能量和潛能、實體和質量、偶然性和本質時，我們就不經意地在說亞里士多德的哲學語言，在使用兩千年前希臘所形成的術語和概念進行思考。

值得補充的是，現代所說的科學方法的概念完全是亞里士多德式的。科學經驗主義——抽象論證必須服從於事實根據、理論要經過嚴格的觀察後方能定論好壞——現在看起來是一種常識了；但是過去可不是這樣，主要是因為亞里士多德我們才把科學理解為一種經驗追求。即使只是因為亞里士多德最著名的英國評論家培根（Francis Bacon）和洛克（John Locke）都是堅定的經驗主義者，並自認為自己的經驗主義擺脫了亞里士多德的傳統，我們就需要強調這一點。有人指責亞里士多德，說他更喜歡的是淺薄的理論和貧瘠的三段論演繹法，而不喜歡堅實的、豐富的事實數據。這樣

圖22　位於阿富汗阿伊‧哈努姆的健身室。該城由亞歷山大大帝麾下士兵所建，亞里士多德的學生克利爾庫斯(Clearchus)曾到此。本書128頁插圖中的抽象碎片正是在此健身室附近發現的。

的指責令人不可容忍；它們來自那些沒有足夠仔細閱讀亞里士多德本人著作的人，這些人把亞里士多德的繼承者所犯的錯誤歸咎到他本人身上來批評他。

亞里士多德影響巨大。但影響和偉大之處不是一回事，我們也許仍然要問是甚麼使得亞里士多德成為一位大師——正如但丁（Dante）稱呼他的，「是那些有知識的人的老師」——而且為何他現在仍然值得我們讀呢？他最偉大的單個成就當然是生物學。通過那些記載在《動物研究》、《動物結構》和《動物的生殖》中的研究工作，他創立了生物學，並把它建立在可靠的經驗基礎和哲學基礎之上；他所賦予該學科的結構輪廓一直保留到19世紀才被打破。僅次於生物學的是他的邏輯學。亞里士多德在這方面也創立了一門新學科，亞里士多德的邏輯學直到上世紀*末一直充當着歐洲思想中的邏輯學。只有極少數人創立了一門學科；而除了亞里士多德，還沒有人創立過兩門學科。

不過，亞里士多德的生物學和邏輯學現在都已過時了。如果想學生物學或邏輯學，我們不會再去學亞里士多德的專題論著：它們現在只具有歷史價值了。亞里士多德那些哲學味更濃厚的作品卻不是這樣。《物理學》、《形而上學》和《倫理學》中的文章還沒有他的邏輯學和生物學那麼可信、那麼完善、那麼科學；不過弔詭的是，它們卻更有生命力。因為，在

---

*　本書寫於20世紀，這裏的「上世紀」指19世紀。——編注

這方面亞里士多德仍然無人能及。比如,《倫理學》當然能作為歷史文獻來閱讀——作為公元前4世紀實踐哲學發展狀態的證據來閱讀。但它又可作為對當代辯論,甚至所有時代的辯論的一種貢獻來閱讀。當今的哲學家就是以這種方式來閱讀亞里士多德的,他們把他看做一個傑出的同事。

最後一點,亞里士多德在他的著作裏明確地、同時在他的生活裏也隱約地向我們樹立了一個優秀之人的典範。亞里士多德所設想的優秀之人也許不是唯一的典範或獨一無二的理想模型;但他無疑是一個值得讚美的典型,要效仿他可是個不小的志向。我以《動物結構》裏的一篇短文來結束本書,這段文字表述了亞里士多德所設想的優秀之人的一些最優秀之處。

就自然實體而言,我們認為一些實體永遠都沒有生和滅,其他的則存在生和滅。前者是可敬的、神聖的,不過我們對它們的研究是不充分的,因為我們在研究它們和研究我們渴望認識的事物時所要求的證據,能為我們感知的卻極少。但是關於會滅亡的實體——植物和動物,我們就知識而言狀況要好得多;因為我們生長在其中,任何不畏繁難的人都可以學到關於每一類實體的很多真理。這兩類實體中的每一類都能給人樂趣:即使我們對前者理解得很淺,然而,它們的價值使

圖23　亞里士多德與赫爾匹里斯(Herpyllis)，根據中世紀一部普通的幻想
小說繪製。

得對它們的認識要比對我們周圍所有事物的認識都更加令人快樂（正如我們發現我們所愛事物的微小結構時要比清楚地看見許多巨大事物時更加高興）。另一方面，由於我們對後一類實體有更好更多的認識，我們對它們的理解就有某種優越性——此外，因為它們更接近我們、與我們的本性更加相似，它們獲得了某種很有價值的、可與對神聖事物的哲學研究相媲美的東西。

由於我們已經研究了後者並形成了自己的觀點，我們現在必須討論動物的本性，直到重要的和不甚重要的都毫無遺漏地得到討論為止。因為，即使在那些令我們的感官不太愉悅的研究中，那些塑造着研究對象的本性仍然會給能洞悉事物原因的學者帶來無限的樂趣，同時也自然地具有哲學意義。因為出現以下情形是很不合理、很荒謬的：當我們一面思索這類自然物之間的相似之處，一面又在思考為之作畫的畫家或為之雕塑的雕刻家的技巧、因而樂在其中時，我們就不能在對自然事物本身的思考中獲得更多的樂趣，尤其是當我們能夠洞悉它們的原因所在時。因此，我們不應幼稚地抗議對那些價值不高的動物進行研究，每樣自然事物都有非凡之處。

赫拉克利特曾經有一些拜訪者，他們希望見到赫拉克利特，卻在看到他於火爐旁取暖時躊躇不

前。據說赫拉克利特曾對這些人說：「進來吧，大膽些：這裏還有很多神靈呢。」同樣地，我們應該不帶有任何遺憾地研究每樣動物；因為，在它們的身上都有自然的一面、美好的一面。

亞里士多德年表

公元前384年：　亞里士多德出生於斯塔吉拉城

公元前367年：　亞里士多德移居到雅典並加入柏拉圖的學園

公元前356年：　亞歷山大大帝出生

公元前347年：　柏拉圖去世；亞里士多德離開雅典到阿特內斯找赫爾米亞，並定居在阿索斯城堡

公元前345年：　亞里士多德搬遷到萊斯博斯島上的米蒂利尼居住（後來又回到斯塔吉拉）

公元前343年：　馬其頓國王腓力二世邀請亞里士多德到米埃薩做小亞歷山大的老師

公元前341年：　赫爾米亞去世

公元前336年：　腓力二世被殺；亞歷山大登基

公元前335年：　亞里士多德回到雅典，開始在呂克昂里教學

公元前323年：　亞歷山大去世

公元前322年：　亞里士多德離開雅典去哈爾基斯，並在那裏去世

推薦閱讀書目

All Aristotle's surviving works are to be found in English translation in the 'Oxford Translation':
– J. Barnes (ed.), *The Complete Works of Aristotle* (Princeton NJ, 1984).

The volumes in the Loeb Classical Library contain English versions with Greek on facing pages. Many of Aristotle's works are available in Oxford Classics, in Penguin, and in other paperback series. The Clarendon Aristotle series supplies close translations and philosophical commentaries on several of Aristotle's major writings.

The classic edition of the Greek text, by Immanuel Bekker, was published in Berlin in 1831. Modern editions may be found in such collections as the Oxford Classical Texts, the Loeb Classical Library, the Teubner Library, and the Bude series.

Of the countless general books on Aristotle's thought, I may mention:
– J. L. Ackrill, *Aristotle the Philosopher* (Oxford, 1981).
– G. Crote, *Aristotle* (London, 1883).
– G. E. R. Lloyd, *Aristotle* (Cambridge, 1968).
– W. D. Ross, *Aristotle* (London, 1923).

The essays in:
– J. Barnes (ed.). *The Cambridge Companion to Aristotle* (Cambridge, 1995)

collectively provide a comprehensive introduction to Aristotelian philosophy; and the volume has a large bibliography to guide more advanced study.

The evidence for Aristotle's life [Ch 1–2] is assembled and discussed in:

– I, During, *Aristotle in the Ancient Biographical Tradition* (Goteborg, 1957)

and there is an account of the Lyceum in:
– J. P. Lynch, *Aristotle's School* (Berkeley, CA, 1972).

On his zoology and biology [Ch 3–4] two older works are worth reading:
– G. H. Lewes, *Aristotle – A Chapter from the History of Science* (London, 1864).
– W. d'A. Thompson, *On Aristotle as a Biologist* (London, 1912).

On the philosophical - that is to say, the Platonic – background to Aristotle's work [Ch 5] see:
– G. E. L. Owen, 'The Platonism of Aristotle', in his *Logic, Science and Dialectic* (London, 1986).

The idea of an axiomatized deductive science [Ch 6] is analysed in:
– H. Scholz, 'The ancient axiomatic theory', in J. Barnes, M. Schofield and R. Sorabji (eds). *Articles on Aristotle* I (London, 1975).

On logic and on knowledge [Ch 7–8] see:
– G. Patzig, *Aristotle's Theory of the Syllogism* (Dordrecht, 1968).
– C. C. W. Taylor, 'Aristotle's epistemology', in S. Everson (ed.), *Companions to Ancient Thought: 1 – Epistemology* (Cambridge, 1990).

There is a classic paper on the 'aporetic' aspect of Aristotle's thought [Ch 9]:
– G. E. L. Owen, 'Tithenai ta phainomena', in his *Logic, Science and Dialectic* (London, 1986).

Many of the issues raised by Aristotle's metaphysical speculations [Ch 6, 10] are aired in Parts I and II of:
– T. H. Irwin, *Aristotle's First Principles* (Oxford, 1988).

Note also, on the 'categories' and on ambiguity:
M. Frede, 'Categories in Aristotle', in his *Essays on Ancient Philosophy* (Oxford, 1987).

– G. E. L. Owen, 'Logic and metaphysics in some earlier works of Aristotle', in his *Logic, Science and Dialectic* (London, 1986).
– G. E. L. Owen, 'Aristotle on the snares of ontology', in his *Logic, Science and Dialectic* (London, 1986).

On change and causation and also on teleology [Ch 11–12, 17] see:
– R. Sorabji, *Necessity, Cause and Blame* (London, 1980).

On Aristotle's empiricism and on the relation between theory and evidence [Ch 13,16]:
– G. E. R. Lloyd, 'Empirical research in Aristotle's biology', in his *Methods and Problems in Greek Science* (Cambridge, 1991).
– P. Pellegrin, *Aristotle's Classification of Animals* (Berkeley CA, 1986).

For a general description of Aristotle's natural world [Ch 14] see:
– F. Solmsen, *Aristotle's System of the Physical World* (Ithaca NY, 1960).

For his psychological views [Ch 15] see:
– S. Everson, *Aristotle on Perception* (Oxford, 1997).

On practical philosophy [Ch 18], there are two short books on ethics:
– D. S. Hutchinson, *The Virtues of Aristotle* (London, 1986).
– J. O. Urmson, *Aristotle's Ethics* (Oxford, 1987).

and a long book on politics:
– F. D. Miller, *Nature, Justice, and Rights in Aristotle's Politics* (Oxford, 1995).

For art and poetry [Ch 19] see the papers collected in:
– A. O. Rorty (ed.), *Essays on Aristotle's Poetics* (Princeton NJ, 1992).

On Aristotle's afterlife [Ch 20] see:
– R. Sorabji (ed), *Aristotle Transformed* (London, 1990).